The Psychology of Energizing People and Organizations

本山雅英 ── 著

人と組織を活かす心理学

はじめての
コーチングと
ファシリテーション

北大路書房

はじめに

　読者の皆さん，はじめまして。本山雅英と申します。筆者は組織・人事コンサルタントです。大学では心理学を専攻しました。今も心理学を応用したプログラムを使って，クライアント企業に対して組織の活性化や人材育成のお手伝いをしています。

　この書籍は，もともとは『大学生のためのコーチングとファシリテーションの心理学』というタイトルで，大学のコーチング心理学のテキストとして執筆したものです。今回，若手の社会人の方にも読んでいただけるように内容を改訂いたしました。また，コーチングやファシリテーションの練習の仕方なども付け加えてありますので，活用していただけると幸いです。

　コーチングもファシリテーションも理論ではなく，効果的なコミュニケーションを成立させるためのスキルです。関西弁でいう「使ってナンボ」。積極的に練習して，活用していってくださいね。

　筆者の肩書きは，「企業組織と個人の活性化および変革的成長を支援するチェンジ・エージェント」ということになっています。心理学から発展した「行動科学」「組織開発（Organizational Development）」などのいろいろな手法を活用して，企業・組織を元気にするのですが，最近ではこういった技法のことを「ファシリテーション」や「コーチング」と呼ぶようになっています。一般論としては，企業組織の活性化や地域社会の発展支援には「ファシリテーション」，個人の能力やキャリア開発には「コーチング」がよく援用されています。

　コーチングはもともとは，スポーツの世界からきた概念ですが，21世紀に入り日本の企業社会にも急速に普及しました。今では，多くの企業で管理職向けのコーチング研修が行われるようになってきています。一方，ファシリテーションはそう呼ばれるようになったのが，21世紀に入ってからですが，「組織開発」「組織活性化の技法」としては，1960年代にはすでに日本でも，多くの企業に取り入れられておりました。ただ当時は，プロのコンサルタントや大学の先生

方が企業からの依頼に基づいて，主として企業の職場単位での活性化に応用していたものです。「組織開発」という言い方をするのは，そういうところからきているのです。しかし，ファシリテーションと呼ばれるようになった今では，地域社会の町おこしや，SDGs（持続可能な開発目標）の啓蒙活動など，幅広い場面で活用されるようになってきています。

　実は，この原稿を書いている今は，2019年から始まったCOVID-19によるパンデミックの真っ最中です。COVID-19は，日本の社会におけるコミュニケーションのあり方にも，大きな影響を与えました。オンライン・コミュニケーションが普通になるこれからの世の中では，コーチングやファシリテーションの重要性はさらに高まるものと思われます。

　このテキストは，あくまでも入門書です。コーチングやファシリテーションに興味を持たれた読者の皆さんが，さらに多くの参考書を手にされてスキルアップされることを祈念いたします。

2022年7月

本山雅英

目　次

第1章

企業や社会を動かしているのは，
実は「心理学」!!

1節　企業社会で期待される「心理学」とは？

1．大学で学ぶ心理学と，社会人が勉強したい心理学のギャップ

　皆さんの心理学に対するイメージや知識はどんなものでしょうか。心理学を専攻していろいろな講義を聞いてきた人，何冊か入門書を読んだ人や関心のある特定のテーマについて勉強したことがある人，中にはテレビに出てくる心理学者の面白おかしい話ぐらいしかイメージがない人もいるかもしれませんね。正直なところ，心理学を勉強しても職業生活の中でどう生かすことができるのかが，想像できない人も多くいるかもしれませんね。

　しかし，実際に社会で働いている人たちは，心理学の勉強の必要性を感じたり，心理学の応用分野の自己啓発を求められたりしているのです。

　実は，仕事上のコミュニケーションのとり方，顧客との関係づくり，部下への接し方や育成の仕方，チームを活性化させる方法など，人を動かし，組織を動かすために心理学が役立つのです。

　ところが，社会人に求められる心理学と学校で学ぶ心理学がどう結びつくかの関係が見えづらいので，心理学は世の中に出て役に立たないという意識になるのだと思います。

そこで，まず心理学とはどんなものかを筆者なりのやり方で整理しておきます。そして，学校で学ぶ心理学と社会で求められる心理学の関係がどのようなものかにふれていきます（なお，本書では臨床心理士やスクールカウンセラーなどの心理専門職としての活躍の場については取り扱いません。教育や福祉にたずさわる場合の話にもふれません。一般企業に入って，心理学と関係のなさそうな様々な職種につく人が心理学をどう役に立てることができるかという視点で本書は構成しています）。

2．心理学の流れ

　心理学を学ぶときに混乱する１つの要因としては，多種多様なテーマが混在しているように見えることがあげられます。専門書を読んでも，断片的な数多くの研究の紹介が続き，そこから何が学べたかがはっきりしない人も多いのではないでしょうか。

　そこで，まず心理学には大きく３つの流れがあるという捉え方をお勧めしたいと思います。今までに自分なりに勉強した心理学がどの流れの中にあるか，という視点を持つと少しスッキリするのではないかと思います。

　第一の流れは，実験を中心とした科学的アプローチによる心理学の流れです。これは心の研究を，物理学のような科学として成立させようとするものです。特に何かに役立てることを意識しない基礎研究も多くあります。また，応用研究でも，人の行動を理解し，予測したいという研究者の好奇心に基づくものも見られます。

　第二の流れは，治療行為を目的として始まった臨床心理学です。深刻な精神病までには至らない軽い心の病気にかかった人や病的な状態の人，心の問題を抱える人が健康な状態になることへの支援を目指すものです。

　そして第三の流れは，健康な人の意識や行動，集団の心理と行動を理論的に考え，有効な働きかけをしようとする流れです。そこでは，人や集団の成長や目的実現，よりよい社会関係の構築への支援が目指されます。

（1）第一の流れ

　現代の心理学の創始者は W. ヴントと言われています。古代ギリシアのヒポクラテスやアリストテレス以来，人間の心を分析してきた哲学者や文学者はた

くさんいますが，観察や実験を通じた実証の方法論を持った科学としてのアプローチを初めて行ったのがヴントだからです。

　19世紀の終わり近く，実証主義の機運を受けて，哲学者のヴントは心理学を科学として体系化しようと試みました。そのために，ヴントは心理学の対象を人間が経験することに対する意識の内容と定め，内観法によってその研究を行おうとしました。内観という主観的な方法に科学としての客観性を与えるためにヴントが用いたのが，刺激を十分にコントロールできる「実験室」です。そこで実験参加者に与えられた刺激に対する内観報告を求めることで，実証的データに基づく科学としての心理学を打ち立てようとしたのです（客観性を求めるため，そこでの実験の適用範囲は，感覚や知覚に限定されたものでした）。

　20世紀になると，心の働きに対する科学的なアプローチとしては，内観報告だけに頼っていたのでは不十分という考え方が強くなりました。

　そこで，この科学としての心理学は，1つには，動物実験を使って下等な動物から高等動物に至る様々な動物と人間の心の働きを比較して考える，系統発生的な研究へと受け継がれていきました。系統発生的な研究では，ネズミ，ハト，ニワトリ，イヌ，ネコ，チンパンジーなどを使った学習過程や問題解決行動の研究が盛んに行われることになります。

　さらに20世紀半ばになると，言葉を話すことができない乳児の知覚や認知の研究，子どもの発達段階や自我の形成，知能や対人関係の発達，学習や記憶の研究など，人間の発達過程に応じた心の研究も行われていきます。

　そして，内観に頼らない科学的アプローチに影響を与えた重要なものとして，J. ワトソンに始まる行動主義の心理学があります。20世紀の初め，ワトソンは心理学が科学であるためには，主観的な内観ではなく，目で見て確かめることができる「行動」を対象としなければならないと主張しました。そのため彼の心理学では，客観的な刺激（Stimulus）とそれに対する反応（Response）の関係（S-R結合）を明らかにすることが目指されました。

　ワトソンの行動主義は，様々な展開を見せます。直接的にワトソンを継承する研究以外にも，後の第三の流れの心理学に大きなインパクトを与える研究もありました。

　B. F. スキナーは刺激に対する反応だけでなく，動物が自発的に行動するオ

ペラント条件づけ（operant conditioning）とその行動を強化する強化スケジュールを研究しました。

また，ヴントの内観やワトソンの機械論的な行動の説明に批判的なゲシュタルト心理学は，知覚や認知の現象的特性とその条件を実験的に明らかにしようという M. ヴェルトハイマーの研究を受け継ぎ，学習や問題解決行動の領域にも研究対象を広げました。

ゲシュタルト心理学の中心人物の 1 人 W. ケーラーは，類人猿の問題解決行動は刺激と反応の機械的結合の結果ではなく，より高次な目標を目指し判断や選択を行う行動であるといった分析などを行いました。

ゲシュタルト心理学は，刺激 − 反応という単純な要素に分割されない全体的枠組み（ゲシュタルト，形態）を重視し，「場」に含まれる諸過程が相互依存的に力学的に影響し合うという考え方をしています。ケーラーの分析によれば，類人猿の行動は試行錯誤の結果としての偶然ではなく，場面の全体構造を見通した洞察的学習が行われ，脳内ではそれに対応する生理的・物理的ゲシュタルトが対応しているとされました。

（2）第二の流れ

第二の流れは，S. フロイト以来発展してきた精神分析的な臨床心理学です（臨床心理学という名前を初めて使ったのは19世紀の終わりの L. ウィトマーと言われています。彼は，学習に問題のある児童の検査結果から個人の問題を克服する実践的な取り組みを行いました。実践的な問題解決に心理学の知識を応用するという点では，臨床心理学の父とも言えますが，その後現在に至る臨床心理学は，フロイト以来の精神分析と深く関わって発展していきました）。

この流れは，本当の人格障害・精神異常者ではなく，普通だった人が精神異常のように病的になる神経症は適切なカウンセリングによって治せるというアプローチです。心に問題を持つ患者や相談者の心の病の回復を援助することを目的とし，もともとは心理学というよりも，精神医学の医療行為に近かったものです。

この分野を切り開いたフロイトのやり方は，マン・ツー・マンの個人療法でした。精神医学出身のフロイトは，フランスの J-M. シャルコーという催眠を用いた治療を行う人に師事しましたが，フロイトは面と向かって話をするのが

苦手で，催眠がうまくできませんでした。そこで，寝椅子の技法を使って，クライアントと直接向き合わずに（西洋で長く行われてきた懺悔の発想があったのかもしれません），クライアントの話を聴いて，無意識の心の中に潜んでいる不快な体験などを明るみに出すことで患者の心に寄り添った治療を行いました。

　その後，フロイトの弟子やフロイトから決別して新たな心理学を生み出した人々，フロイトの影響を受けながら独自の理論を構築した人々の理論がこの第二の流れを構成しています。集合的無意識や元型などを論じたC. ユングの名前は一般の人の間でも有名です。

　この流れの中で現在の臨床心理学に大きな影響を与えているものとして，C. ロジャーズの来談者中心療法のカウンセリング技法があります。

　ロジャーズは，カウンセリングの対象者を「患者（patient）」ではなく，「来談者（クライアント：client）」と呼びました。後にロジャーズは第三の流れの人間性心理学の重要人物ともなっていきます。

　この第二の流れの中で，もう１つ有効なものとしては，精神分析の流れから出てきたE. バーンのTA（交流分析）理論があります。この理論については，第２章で少し詳しく取り上げます。

（3）第三の流れ

　実験を使った心理学と臨床心理学，この２つが長く心理学の主流でしたが，20世紀の半ばぐらいになると第三の流れが登場してきました。

　それは，実験で扱える問題や治療行為を超えて，健康な人間の社会行動の心理を考え，現実の変革や改善に取り組もうという流れです。

　この第三の流れは，普通の人や集団の心理を考え，理論や知識の実践的な活用によって組織の生産性や人々の意欲の向上など現実的な効果を期待するものです。グループ・ダイナミクスの理論，動機づけやリーダーシップ，組織開発などの理論，産業心理学，社会心理学の一部などがこの流れにあるのです。

　そこに大きな影響を与えたのは，A. マズローやロジャーズなど「人間性心理学」を研究した人々です。

　マズローは，精神分析，行動主義と異なり，心の健康を目指す第三勢力としての人間性心理学を提唱し，人間の自己実現欲求の重要性を指摘しました。

マズローの自己実現欲求の考え方については，第5章のモチベーションの理論で簡単に紹介します。

　ロジャーズは，来談者中心療法の中でも人間の成長力や主体性を重視した人でしたが，後年，健康な人の可能性の実現へと関心を移していきます。

　ロジャーズは，「個人は自分自身の中に，自分を理解し，自己概念や態度を変え，自己主導的な行動を引き起こすための巨大な資源をもっており」，ある条件が整えば個人は自らの力で問題を解決できると主張しました。そして，クライアントが自らの力で問題解決に向かう条件として，セラピスト（カウンセラー）によるクライアントの共感的理解を重視しました。このロジャーズの考え方は，第3章で扱う「コーチング」の基本的な信条となっているものです。また，ロジャーズは，第4章で扱うファシリテーションにも大きな影響を与えています。これらについては，それぞれの章でその関連を扱います。

　また，第三の流れにはスキナーのオペラント動機づけやゲシュタルト心理学の「場の理論」も大きな影響を及ぼしました。スキナーは，当時の学際的交流の場であったエサレン研究所にも関わり，組織における人間の動機づけや行動強化の研究や実践にも影響を与えています。

　さらに，第三の流れの中では，人間の「集団」も研究対象とされていきました。集団研究の先駆者として重要な存在であるK.レヴィンは，ゲシュタルト心理学の力学的「場」の理論を集団に適用する研究を行い，独自のグループ・ダイナミクスの心理学を生み出しました。レヴィンの実践や研究については，第4章と第5章でふれています。

コラム：エサレン研究所

　1960年代に人間の潜在的可能性を開発することを目的とし，ネイティブ・アメリカンの部族の名をとって命名されたもので，サンフランシスコの南側の広大な山林に囲まれた場所で，西洋と東洋の哲学を融合した経験的なワークショップを運営し，学際的な研究を展開しました。

　この研究所では，A.マズローやC.ロジャーズ，B.F.スキナーなども教師をしていたことがあり，第三の流れに属する心理学やコーチングの誕生などに大きな影響を与えました。

3．企業が期待しているのは「スキルとしての心理学」

　さて，ここまで学校で学ぶ心理学の流れを見てきましたが，企業の中で期待されているのは，心理学の知識そのものではなく，心理学を応用したスキルです。ただし，広告宣伝やマーケティング調査などでは，直接的に心理学を使った貢献が期待されます。

　企業は人の集団です。人が集まって1人ひとりの集合以上の力を発揮することで企業活動は高い成果をあげることができます。

　また，企業は顧客があって初めて成り立ちます。さらに，企業は仕入先や専門業者など様々な顧客以外の取引先によって支えられています。顧客も，関係先も接点となるのは人です。

　そのため，企業がそこで働く人に求めるのは，職場内外の関係者とよい関係を築き，人から得られる情報を生かし，仕事の成果をあげることです。そしてリーダーや経営幹部には，自分だけではなく，チームの力を引き出すこと，部下を育てること，組織全体を活性化し前向きで意欲を持って仕事に取り組む風土を作ることなども求められます。

　そこで鍵を握るのは人と人とのコミュニケーションや，組織体と人とのコミュニケーションです。企業とは，いわばコミュニケーションの場のかたまりなのです。

　そのため，組織では，心理学を背景とした様々なコミュニケーションのスキルが求められてくるのです。

2節　仕事に役立つ心理学とは

1．企業でのコミュニケーションの階層

　まず，企業の中で役立つコミュニケーションのスキルを階層的に捉えてみましょう。

（1）自己理解のスキル

　第一にはコミュニケーションの前提として自己理解が必要になります。この

ためのスキルが自己との対話，内省のコミュニケーション・スキルです。これ
はいわばパーソナル・スキルと言えます。自分の持ち味を知り，コミュニケー
ションの特徴を知ることで，他者と向かい合うときのコミュニケーションの質
を高める努力が可能になります。

　また，この自己理解を通じて，どういう就職をするか，企業の中でどういう
キャリアを目指すかということにも示唆が得られると思います。

（2）1対1のコミュニケーションのスキル

　そして，第二には人と向かい合う，1対1の他者とのコミュニケーション，
また他者の自己との対話を支援するコミュニケーションが来ます。そこでは，
インター・パーソナルなレベルのコミュニケーション・スキルが求められます。

　ここでは相手が，積極的にコミュニケーションをとろうという気持ちになる
ような雰囲気をどう築くかが課題になります。コミュニケーションを通じて，
相手との信頼関係を築き，相手の本当の気持ちや求めていることを理解するこ
とはあらゆる仕事の基盤です。ただ話を聞くだけでなく，相手の中のモヤモヤ
とした漠然とした思いをすっきりさせることができれば，相手との関係は一層
深まります。

　さらに，「この人とコミュニケーションをとると元気になれる」というとこ
ろに到達できれば，仕事は向こうからやってきます。上司や部下，顧客，取引
先などから頼られる存在になる大きな要素です。

（3）グループに対するコミュニケーションのスキル

　また，集団で仕事をしていく上では，グループに対するコミュニケーション
のスキルや，グループ内のコミュニケーションを活性化するスキルが仕事の成
果を高めます。グループ・スキルと呼んでおきます。

　自分の属するグループが本心から前向きな議論のできる関係になるように支
援すること，グループの持っている創造性を引き出すこと，皆がやる気になる
結論を導くこと，感情のこじれや対立を解消して前向きな姿勢に転換すること，
求める結果が出るところまで見届けて導くことなどを通じて，グループが潜在
的に持っているパワーを引き出すことができます。

　このスキルを組織全体に対して適用すると，チェンジ・エージェントとして
のオーガニゼーション・スキルにつながるものとなります。

（4）組織を動かしやる気を高めるコミュニケーションのスキル

さらに管理職や経営スタッフ・経営幹部となり組織を動かす立場では，オーガニゼーション・スキルとも言えるものが求められます。

リーダーには，組織メンバーの心にプラスの働きかけをして，意欲を高め，目標達成を支援するリーダーシップのスキルが求められます。経営スタッフには，組織全体のコミュニケーションを活性化することや，コミュニケーション・スキルを使って組織変革を行うことが期待されています。

経営全体の目標を組織の末端まで浸透させて，努力や工夫の方向性＝ベクトルのそろった行動を引き出す鍵となるのもコミュニケーションのありようです。

そして，個人や集団のモチベーションを担う人事スタッフには，人事制度や教育研修といったツールを使って，組織の構成員にどういうメッセージを送ってモチベーションを高めるかという課題があるのです。人事制度は，人に対する考え方を採用に応募する候補者に伝えるメッセージにもなります。

2．本書の構成とコミュニケーション・スキル

本書では，この後，第2章で，自分を知り，自分の人生を設計するパーソナル・スキルとしての「TA理論とキャリア・アンカー理論」，第3章で，対人コミュニケーションのインター・パーソナル・スキルとしての「コーチング・スキル」，第4章で，集団を動かすグループ・スキルとしての「ファシリテーション」，第5章では，組織を動かすオーガニゼーション・スキルとしての「動機づけ，目標管理，リーダーシップ理論」などを解説していきます。

（1）TA理論，キャリア・アンカー理論

パーソナル・スキルについては自己の性格特性を知り，自分のコミュニケーションの特徴を知ることに役立つTA（交流分析）の理論を紹介します。これは，他者とのコミュニケーションの中で，他者を知り，相手の自己理解を高めるために援用することのできるスキルです。

①建設的なコミュニケーションのベースとなるスキル

自分がどういう考え方や発言の仕方をしていることが多いか，それを認識することで，よりよいコミュニケーションのとり方が見えてきます。ど

ういうスタンスで他者と向き合うときに建設的なコミュニケーションが可能なのかについても考えてみましょう。

②自分の人生を考えるアプローチとなるスキル

　　自分はどんな人生を歩みたいのか。自分の持ち味を生かすのはどんな仕事か。今の自分を変えたいのなら，どんな行動をとることが望ましいのか。そういったことにヒントを与えてくれる理論を学びます。

また，キャリアを選択していく上で自身が何を最も重視するかを明らかにするキャリア・アンカー理論についてもふれます。

（2）コーチング・スキル

　　インター・パーソナル・スキルとしては，コーチングの考え方と具体的な方法論を学習します。これは，例えば次のような場面で活用されます。

①モノが売れる営業マンになるための「ヒアリング・スキル」

　　営業マンとして，まず求められるのは，人の話を聴く力です。一方的な商品説明をする営業マンにはモノが売れず，顧客の求めていることや漠然とした不安などをしっかり聴き取ることのできる力が求められてきます。話を聴くことで，顧客とのしっかりとした信頼関係が築ければ，モノは自然に売れていくのです。

　　この，人の話を聴く力は，営業だけではなくどんな職種でも，上司や部下，社内外の関係者の表に出た要望や潜在的な欲求，問題意識，持っている可能性などをしっかり理解し，相手に気づいてもらうために活用できます。

②管理職や先輩・同僚が効果的に部下や後輩・同僚を指導・支援するための「コーチング・スキル」

　　上司が部下に，あるいは先輩や同僚が他者に，命令・指示するだけでは人は動きません。仕事を覚える初期の段階は別として，他者が自発的に行動するとき，他者の意欲や成果は高まっていきます。コーチング・スキルそのものを活用することで，部下・他者のやる気と自発性を引き出し，職業人としての成長を促すことができます。

③よい人材を見つけ出せる「採用面接スキル」

　　共感的に面接相手を理解することで，その人の本来持っている人となり
　や，可能性を見出すことができます。応募者の「この会社に入りたい」と
　いう気持ちも高めることができます。また，本書では詳しくはふれません
　が，面接に使われる心理テストも心理学を学ぶことでよりよく理解して活
　用ができるものです。

　これらのコーチング・スキルは，心理学を学ぶ学生の場合だと，カウンセリ
ングの演習などで実際に行っていることの延長線上にあるものです。一般教養
の授業などでも，心理学を学んでいる・学んでいたということは社会人として
生きてゆく上では，相当に有利に働くのではないかと思います。

（3）ファシリテーション

　グループ・スキルでは，集団や組織を活性化＝やる気にさせる実践的な心理
学としてのファシリテーションを学びます。グループ内での交流によって人の
気づきや成長を生み出す心理学的な取り組みを概観した上で，企業で役立つ会
議やミーティング，プロジェクトを運営するコミュニケーション・スキルとし
てのファシリテーションの実際を詳しく説明していきます。

　これは，リーダーの立場になってからはもちろん，ミーティングの参加者，
プロジェクトのメンバーとしても，グループ・プロセスを支援し，成果を高め
る上で有効なスキルとなります。役に立つ人材と認められて，ミーティングの
進行を任されるようになれば，仕事の幅が大きく広がり，仕事のやりがいも高
まっていきます。

　また，組織全体を変革するチェンジ・エージェントとしてのファシリテー
ションの活用にもふれていきます。企業内でのキャリアを考える上で参考にし
てください。

（4）目標管理，動機づけ，リーダーシップ

　組織の目標に向かってチャレンジする人の集団を作るための「目標による管
理」の考え方，目標達成を支援するためのリーダーシップのありよう，組織の
メンバーのモチベーションを高める理論などを学びます。

　これらも本当に生きてくるのは，部下を持つような立場や人事のスタッフな

どになってからという知識ですが，「企業で心理学が活用できる」という点で知っておいてもらいたいと思います。小規模な企業や若い企業に就職した場合には，アルバイトをまとめる立場になったり，早くにリーダーに抜擢されたり，人事制度のプロジェクトへの参画を求められたりと，想像以上に若いときにこうした知識が必要とされるかもしれません。

3. 「科学としての心理学」と企業の仕事

　本書では，企業でのコミュニケーションに焦点を当てていますが，心理学を学ぶことは，それ以外の面でも企業で役に立つ人材となるためのスキルを磨くことにつながります。実は，第一の流れの心理学に真剣に取り組んだ経験が社会でも役に立つのです。

　それはどういうことかというと，科学的な「事実とデータに基づく物事の捉え方」がビジネスパーソンとしての分析や判断や企画をシャープにするのです。また，何が本当の事実かということに対するこだわりが，マスコミや多くの人が言っていることに惑わされないビジネス上の的確な判断を可能にしてくれます。

　「事実は何か？」をつかむファクト・ファインディングにより，改善のための仮説を立て，データを集めて検証していくというスキルは，企業の中核を担うビジネスパーソンに広く求められる素養です。事実と意見をしっかり分けて，仮説やロジックのある発言そして分析や立案ができる人材は，重要な戦力となる可能性が高まります。

　ビジネスは科学で割り切れるものではありませんが，企業活動は，現実のファクトを扱い，もくろみを立てて成果を求めるものです。よい戦略にはロジックがあると言われます。しっかりしたロジックを組み立てるためには，できるだけ正しいと思われる事実を判別するプロセスが欠かせないわけです。ビジネスの天才は直感的にファクトを捉え，ロジックを生み出し，事後的にそれが正しいことが検証されているように見えますが，その背景には鋭い観察や仮説・検証の積み重ねがあることも多いものです。

　第一の心理学は実証的な科学であることを目指し続け，仮説・検証の手続きを踏み，科学的な実験や調査，分析の手法を用います。

　ですから，ここで学習する動物や人間の感覚や行動に対する科学的アプローチは，事実に基づき，データでものを見る視点を養うことにつながるものとなるのです。

　また，現在の心理学では，統計学が駆使されていますが，企業の中でもビッグデータを統計的に処理する場面がこれからますます増えてくると考えられます。

第2章

自分の持ち味を理解する心理学
「私は何者か？」「どう生きるのか？」

〜 TA 理論とキャリア・アンカー理論〜

1節　パーソナル・スキルとしてのコンパクト
##　　 心理学「TA」

　コミュニケーションの前提として重要なことに，自己理解と，自己と他者との関係の理解があります。そこで，まずはそれに役立つ TA（Transactional Analysis：交流分析）の理論を学習します。また，TA の中にある人生脚本という概念を使って，より深く自己を理解した上で，自分の人生，キャリアをどう設計するかのヒントを得ます。

1．私は何者か

　自分自身を知るには，自分で考える「内省」が哲学などで古くから使われてきた基本的な方法です。日常的には，他人から言われたことで自分を知るということもよくあります（自分で考える内省を，「聴く」という技法を使って他者の内省を支援することに応用するとコーチングになります）。

　自分で自分自身のことを考えるといっても漠然としていますが，理論モデルを援用すると糸口がつかみやすくなります。性格類型については，たくさんのフレームワークがありますが，筆者の経験ではパーソナル・スキルとして身につけておいて役に立つのが，「TA（交流分析）」の理論です。

TAは簡単に言えば，人格と人格同士の交流を理解するためのモデルです。このモデルを使うと，比較的容易に自分自身を見極めることができるようになります。また，この理論を使って他人を見ると，他人が自分自身を知ることを助けることにもつながっていきます。コーチングやファシリテーションを進める上で，効果的なスキルともなるものです。

　このTAはE.バーンが1950年代の後半から研究を始めたもので，1961年に*"Transactional Analysis in Psychotherapy"*という本に，その理論的な考え方を統合して発表しました。その後，バーンの基本概念を展開させながらいくつかの学派に分かれて研究や治療の実践，TAアナリストの資格認定，産業界への応用などが行われています。

2．バーンとTA

　バーンは，まず精神科医としてキャリアをスタートしました。1945年からは第二次世界大戦の復員兵約1万人と面談する中で，TA理論の基礎となる考え方を持つようになりました。

　それは，第一に，直感が観察の有効な手段として活用できること，第二に，言葉で表されたことよりも，どう行動するかを知ることが重要であること，第三に，言葉の意味と本当のメッセージは違うことがあり，非言語的なシグナルがしばしば人々の間で交わされる真のメッセージを伝えるものとなることなどです。

　その後，バーンは従来の精神分析から離れ，TAを使った心理療法の治療家たちを対象とするセミナーや個人診療，著述や講演を行いました。

　後から詳細に見ていきますが，バーンが創始したTAの最も基本的な考え方は，「自我状態（ego-states）」という概念です。平たく言うと私の中には，親（ペアレント），大人（アダルト），子ども（チャイルド）の3つの私があるというモデルです。

　そのモデルによって，自分の自我の特徴を知ると同時に，今自分がどこを使っているか，今後，どこを使うようにしたらよいのかなどを考えることができるようになるのです。

　さらに，対人的交流の中で，お互いがどういう自我状態で関わっているかを

分析することができ，社会的コミュニケーションをとっている場面での私と相手を知り，効果的なコミュニケーションのためにとるべき行動も選択できるようになります。

　また，TA の中には対人交流の中で，お互いが交換する重要な精神的・身体的刺激として「ストローク」という概念があります。このストロークとは，相手の存在を認めていることを知らせるすべての行動を指します。これを意識して使うことで，心地よく，ポジティブな方向に人を元気づける交流を生むスキルとすることができます（一方で存在を無視し，価値を引き下げるものとしてディスカウントという概念が置かれています）。

　TA のもう1つの中心的概念は，「人生脚本」というものです。人生をドラマとして捉えると，子どものときに無意識のうちに決めた脚本にそって今の私の生き方があるとバーンは考えました。TA では，その脚本を分析することで気がついていない自分自身を理解し，脚本に左右されない自律的な決断によって人生を変えていくことができるとしています。

　そこでの基本的な哲学は，第一に「人は誰でも OK である」ということで，私も他人も誰もが，人間として価値があり，重要で，尊厳があるということです。そして第二は，「人は考える能力を持ち，自分の運命を決めることができる。そしてその決定は変えることができる」というものです。

　以下，2節では TA の自我状態のモデルとバーンの弟子が考案したエゴグラム（簡単に自己の人格を把握する方法）を紹介し，3節でストローク，4節で人生脚本を紹介していきます。

2節　自我状態をどう捉えるか

　「自我状態」という言葉は，新しくバーンが作ったものではありません。バーンが師事した精神分析医の P. フェダーンが，フロイトの「ego」が直接観察できない概念であるのに対し，ある瞬間の精神的・肉体的経験の全体を「ego-state」という直接経験できる概念として打ち出したことにヒントを得ています。

　フェダーンの考える自我状態は，自らの現在や幼児期に至る過去の体験を内的に経験するものでしたが，バーンのモデルでは，自我状態は内的に経験され

るのと同様に，観察可能な行動にも現れるとされ，さらには親に代表される他
の人の経験や行動をコピーした自我状態もあるとされました。

1．自我状態モデルとその識別法

（1）自我状態の構造モデル

　バーンの基本的な自我状態モデルは図2-1の3つのカテゴリーからなるも
のとなっています（PACモデルと呼ばれることもあります）。

　バーンの言う「自我状態」の定義は，「感情と経験の首尾一貫したパターンと，
直接それに対応する一定の行動パターンを伴うもの」とされ，それぞれのカテ
ゴリーの初期の定義は，次のようなものでした。

親（P）の自我状態	・親的役割をした人たちをまねた一連の感情，態度，行動のパターン
	・借りた自我状態
成人（A）の自我状態	・現実に適応した感情，態度，行動の自発的一連のパターン
子ども（C）の自我状態	・個人の幼児期の遺物である一連の感情，態度，行動のパターン

　その後，バーンはいろいろな表現の仕方をしたこともあり，よく使われてい
るものはもっと単純化して，「P」は「価値判断」，「A」は「思考」，「C」は「感

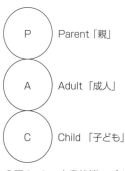

　P　　Parent「親」

　A　　Adult「成人」

　C　　Child「子ども」

○図2-1　自我状態モデル

情」などと定義をしたモデルになっています。この単純化には，自我状態に優勢に現れる内容を自我状態そのものと同一視してバーンの概念を矮小化しているという批判もありますが，直感的な自己理解のためには簡単で便利な定義でもあります。2節3．で紹介する，自我状態をグラフで捉える診断法のエゴグラムでもパターン化されたモデルが使われています。

TA理論では，人は，自分の中に「親」「成人」「子ども」の自我状態を集めたものを持っているとされます。そして，人が「親」的な役割を持つ人をコピーした考え方，感じ方，行動をしているときは人がPの自我状態にいるとされます。子どものときの感じ方や振る舞いなどを再現しているときはCの自我状態，「今，ここ」での出来事に対して，理性的に大人としての全能力を使って反応していればAの自我状態にいるということになるのです。

この自我状態は，そのときどきで移り変わるものですが，それぞれの自我状態が一連の流れ（どこにいる時間が多いかなど）としてまとまった人格を形成しているもので，今どの自我状態にいるかは行動を通じて容易に観察可能であるというのが，PACモデルの構造分析になります。

（2）自我状態の機能的（描写的）モデル

さて，このPACモデルでのP，A，Cはカテゴリーを示すものでした。バーンは，PとCについては人がそれを使うときには異なるスタイルがあるとして，次の図2-2のように機能的に2つに分割しています。自分の行動について振り返って，今自分の自我状態がどのように機能しているか，あるいはどのように機能していることが多いかを自己分析していくのがTAの機能分析になり

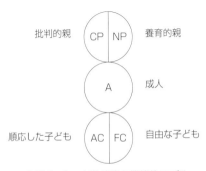

批判的親　CP｜NP　養育的親

A　成人

順応した子ども　AC｜FC　自由な子ども

●図2-2　自我状態の機能的モデル

ます。

（3）批判的親（CP）と養育的親（NP）

「批判的親（Critical Parent: CP）」とは，子どもに対して厳しく強く育てようとする，ステレオタイプな言い方をすれば父親的な親です。子どものとき，「○○しなさい」「○○してはいけません」と命令し，支配しようとする親の行動を，今度は自分が再演して支配的・批判的役割を演じているとき，人はCPの親の自我状態にいます。なお，CPは，支配的親（Controlling Parent）と呼ばれる場合もあります。

　一方，「養育的親（Nurturing Parent: NP）」は，子どものことを思いやり，やさしく育てようとする母親的な親を意味します。子どものときに，親が抱きしめてくれたり，やさしく世話をしてくれたときの親の行動を再演しているときは，人はNPの自我状態にいます。

　さらに，このCP，NPの自我状態には，肯定的な面と否定的な面があります。例えば，模倣された親の命令が子どもを守ろうとしたり，幸福を増すものである場合には，それはポジティブな批判的親となります。反対に，子どもを否定したり，攻撃的な態度で接する場合には，それはネガティブな批判的親です。NPの場合では，本心から子どもに親身な世話を提供している立場はポジティブな養育的親で，子どもに対して過保護，過干渉な行動をとるのはネガティブな養育的親とみなされます。

（4）順応した子ども（AC）と自由な子ども（FC）

「順応した子ども（Adapted Child: AC）」とは，親の様子をうかがいながら怒られないように振る舞おうとする子どもです。両親の期待にそうように子ども心に決断して，いつも礼儀正しく振る舞ったり，言われたことを守って真面目にしていた過去の自分を再現しているときにはACの自我状態にいるときとなります。あえて親の期待に反した反抗的な行動をとる場合も，親のルールにいまだに反応しているという意味で，このACの中に含めます。

　それに対して「自由な子ども（Free Child: FC）」は，自分の感情や欲求を素直に表に出す自然な子どもです。親の期待に順応するわけでもなく，子どもらしく天真爛漫に，自分が思うがままに振る舞っていたときと同じような行動をとるとき，人はFCの自我状態にいると言えます。

　AC，FC についても，CP，NP と同様，ポジティブな面とネガティブな面があります。規則を守り，礼儀正しく模範的な行動をとることは，社会生活を送る上で有用でポジティブな順応した子どもです。ところが，親の関心を引くために，泣いたりごねたりする子どもの行動や親の言う通りにして自己主張をしない行動は，自分の立場を不利にするネガティブな側面を持っています。自由な子どもについても，活動的で素直に感情を表現することで一緒にいて楽しいというポジティブな面がある一方で，社会の中でも勝手気ままに振る舞って迷惑をかけるネガティブな面もあります。

（5）小さな教授

　P と C については，さらに親の中の PAC，子どもの中の PAC という二次的構造もあります。ここでは煩雑になるので細かくはふれませんが，そこで重要なのは，子ども（C）の中の成人（A）で，子どもが子どもなりに問題を解決するために持っている能力です。その機能から「小さな教授（Little Professor）」という名で呼ばれることもあります。

　幼い子どもも自分の周りの世界を知り問題を解決したいと思いますが，まだ論理や知識の枠組みが少ないために直感力に大きく依存します。成人も A の分析力だけでは対処できない問題に対して，子どもの自我状態から直感力を呼び出すことで「今，ここ」の現実に対処できると考えられています。

　自我状態を大きく捉えるときは，この「小さな教授」は，FC の機能の一部として取り扱われます。

（6）自我状態の診断方法

　バーンがあげた自我状態の識別方法としては，次の4つがあります。

①行動による診断

　　4つの中で一番重要だとされたのが，行動による診断で，相手の行動の観察を通じて相手がどの自我状態にいるかを判断します。判断材料となるものとしては，言葉，声の調子，動作，姿勢，顔の表情などがあります。

　　理論上はそれぞれの人が子どものときに見た親の行動，子どもとしてとった行動と対比を行わなければ，その人がどの自我状態にいるかの判断はできないということになりますが，子どもを支配したり面倒を見る親が

とる典型的な行動や子ども一般に典型的に見られる行動が手がかりになります。

　少し思い浮かべていただけば，CPであれば，「しなさい」「こうしなければならない」「するべきだ」「それはだめだ」といった言葉が出てくるでしょう。声の調子では厳しい声，甲高い声，よく響く大きな声など，動作では机をたたく，指を差すなど，姿勢ではふんぞり返っているなど，誰もがすぐに思い至るものがあるかと思います。

②社交による診断

　社交による診断は，相手がどういう自我状態で自分と対応しているのかということから，自らがどの自我状態で行動しているかをチェックするものです。例えば，相手がいつもおどおどしたACの態度であれば，自分が「親」のCPを使って話しかけているのではないかという推測ができます。そして，次に意識してAを使って話しかけてみて相手の反応が変われば，自分がCPからどれだけ変われたかがわかるわけです。

③生育歴による診断

　生育歴による診断では，相手がどんな子どもだったか，両親がどういう人かを細かく聴きます。面談中の相手の行動を観察して，例えば相手がCPの状態を示していれば，相手の両親が同じような状況で同じような行動をしていたかを聴いていくといった診断方法です。

④現象による診断

　最後の現象による診断は，過去を思い出すのではなく，セラピストとの間で過去を再体験するものとなっています。セラピストがクライアントに特定の子ども時代の場面に戻るように指示し，そのときの場面を再現することでCの自我状態に対する診断を得るといった方法です。

（7）自分でできる現実的な自我状態の診断方法

　自己理解のために，ここであげられた方法を全部使うことは現実的ではありません。自分自身の行動の観察による診断は可能ですが，簡単な方法としては，2節3．で紹介するエゴグラムを作って自己分析してみることをお勧めしておきます。

　ここでは，それぞれの自我状態のイメージをつかむために，各自我状態の一般的特徴とされるものをあげておきます（表2-1）。こういったリストは観察できる行動ではなく，行動解釈のリストになっていますので，バーンの診断法とは異なるものですが，自我状態を識別する手がかりとしてはわかりやすいものとしてよく使われています。

●表2-1　各自我状態の一般的特徴

批判的親（CP）	・責任感が強い ・厳格である ・批判的である ・理想をかかげる ・完全主義
養育的親（NP）	・思いやりがある ・世話好き ・やさしい ・受容的である ・同情しやすい
成人（A）	・現実的である ・事実を重要視する ・冷静沈着である ・効率的に行動する ・客観性を重んじる
自由な子ども（FC）	・自由奔放である ・感情をストレートに表現する ・明朗快活である ・創造的である ・活動的である
順応した子ども（AC）	・人の評価を気にする ・他者を優先する ・遠慮がちである ・自己主張が少ない ・よい子として振る舞う

※東京大学医学部診療内科 TEG（東大式エコグラム）研究会によるまとめより

2．自我状態に基づく「交流」（やりとり）の分析

　人は他人とコミュニケーションをとるとき，バーンの表現で言うと「言葉によるか，言葉によらない単一の刺激と単一の反応からなる交流（やりとり）」を基本的単位として，それが順次つながっていく形でコミュニケーションを成立させます。と言われても，少しわかりにくいと思いますので例をあげましょう。

　例えば，「おはようございます」と言って「おはよう」と返事が返ることで，相手との交流がまず成立します。次に，相手から「最近どう？」と声がかけられ，「元気にやっています」のように続き，刺激に対する反応が次の刺激になり，1つひとつの交流が鎖のようにつながってコミュニケーションが進んでいくわけです。

　TAでは，このコミュニケーションのプロセスで自分と相手との間で何が起きているかを説明するために自我状態モデルを使います。

　自我状態モデルを使うと，交流がうまくいっているとき，かみ合っていないとき，さらにはこじれてしまったとき，そこで何が起こっているかを分析することで，対人コミュニケーションを改善する糸口を発見することができるのです。そのため，この交流の分析は顧客と直接接触する人や，チームで成果をあげることが求められる人のトレーニングに広く使われるものとなっています。

（1）相補的交流（平行なやりとり）

　自我状態から交流を見るとどうなるのか。先の会話が先生と学生のものであるとして，先生から「就職活動はどう？」という刺激が与えられ，「第一志望の○○社から内定をもらいました」という反応が返ってきたら，お互いにAからAのメッセージが交換されています。

　次に「でも本当に○○でよいか悩んでいて，相談したかったんです」と続き，「それなら今日の夕方，時間があるから後で研究室に来なさい」とやさしい声で返事が返ると，ここでは学生のCから先生のPへのメッセージが出され，先生のPから学生のCへのメッセージが返されています。

　これを自我状態モデルで見ると，図2-3のように交流の向きは平行です。「悩みがあって相談に乗ってほしい」と援助を求めているとき，この学生はCの

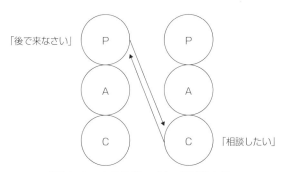

○図2-3　自我状態モデルの相補的交流

自我状態にいて，ベクトルは先生のPに向けられています。それに答える先生は，「後で来なさい（相談に乗ろう）」とPの自我状態から学生のCに向けられたメッセージを伝えています。

　このように交流の向き（ベクトル）が平行で，期待している自我状態からの相手の反応にそったやりとりが行われている交流を相補的交流といいます。相補的交流は，より親密な交流へと発展していく可能性を持っています。やりとりが相補的である間，コミュニケーションの中の刺激と反応は円滑に進むからです（今の例では，場所を変えてコミュニケーションが続くでしょう）。

（２）交叉的交流（交叉するやりとり）

　先の例で，「相談したかったんです」と言ったらすぐ，「上場企業で待遇もいいし，今からこれ以上のところはないんじゃないか」と即答が返ってきたとします。これは図2-4のように，悩みを聴いてほしいというCからPへのメッセージに対し，客観的に考えられる答えを，AからAへ返しています。

　通りすがりだったら，コミュニケーションは「そうですよね」と，そこで終わる可能性があります。

　こういった図上のベクトルの向きが交叉しているやりとりを交叉的交流と呼びます。交叉的交流では，反応している自我状態が，直接，刺激が向けられたものではないため，「コミュニケーションは中断される」とされます。たとえ表面上は言葉のやりとりが続いたとしても，話がかみ合っていないか，すれ違ったままということが起こります。こういった交叉したやりとりのとき，気持ちが通じていない感覚や裏切られたような感情を持つこともあります。

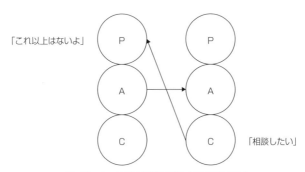

「これ以上はないよ」（Pの左側）

「相談したい」（Cの右側）

◑図2-4　自我状態モデルの交叉的交流

　こういった交叉的交流でコミュニケーションが中断した場合に，それをつなぎ直すためには，どちらか，または両方が自我状態を移行させる必要があります。例えば，交叉したメッセージを受け取った人が，相手の自我状態に移行すれば，その新しい自我状態から相補的交流を行うことができるわけです。

　先ほどの例で，時間に余裕があり学生が話を続けて，「ですが，面接のときの感じが悪くて，入社したら自分も将来は，あんなふうになるのかと思うと……」と悩んでいる理由について，Aからのメッセージを返せば，コミュニケーションは続いていくということです。

（3）裏面的交流（隠されたやりとり）

　相補的交流，交叉的交流の他に3つ目の交流のタイプがあります。それは，表面でやりとりされるメッセージとは別のメッセージがやりとりされる場合で，裏面的交流と呼ばれます。表面のやりとりを社交レベルの交流といい，裏面のやりとりを心理的レベルの交流といいますが，前者は普通は言葉で伝えられるのに対し，後者は非言語で伝えられることが多くあります。

　先ほどの例の続きで，AとAのやりとりが続き，社風の問題点が明確になり，会社という新しい文化に入る中で，自分を見失わずたくましく生きる可能性もあることが検討されたとしましょう。そこで先生が断定的な口調で，「そういえば△△社の人事部長と親しくしている。あそこなら社風もいいし，地味だが，あなたに向いていると思う。今から電話してあげようか」と言ったとします。それに対して学生が，（あまりピンとこない感じで目を伏せながら）「はい，お願いします」と言いました。ここでの表面上のやりとりはAとAの間で行わ

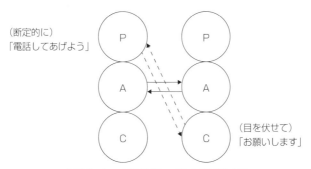

（断定的に）
「電話してあげよう」

（目を伏せて）
「お願いします」

❶図２-５　自我状態モデルの裏面的交流

れています（図２-５）。しかし，裏面では先生のＰからの「私の判断に従いなさい」というメッセージと学生のＡＣからの「本当は今はまだ決めたくはないが従います」というメッセージのやりとりが行われています。

　バーンは，「裏面的交流の行動的結果は，社交のレベルではなく心理的レベルで決定される」と言い，もし行動を理解したければ，コミュニケーションの心理レベルにも注意を払う必要があるとしています。上のケースでは，お願いしますと言ったものの，後から考えて納得できなければ，Ａの判断としてやっぱり断る，という行動に出る可能性もあるわけです。

３．簡単に自分の持ち味を知るためのエゴグラム分析

（１）デュセイのエゴグラム

　エゴグラム（egogram）というのは，バーンの弟子で一緒に研究もしたJ.デュセイが1970年代初頭に治療をやりやすくするために開発したものです。人のパーソナリティの中で，機能的自我状態がどれほどの重みを持っているかを直感的に表示する方法として考案されました。

　エゴグラムでは，自我状態の様々な側面に本人が投入する相対的エネルギーの評価を棒グラフで示すことによって，自分の自我状態に気づき，自己分析をすることができるようになっています。開発された当初は，自分が一番多く使うと判断した自我状態，一番少なく使うものなどを相対的な高さで直感的に書き込むものでした。また，デュセイはこのエゴグラムが示すパターンを分類して，「ドンファン型」「看護婦長型」などとわかりやすいネーミングをし，自己

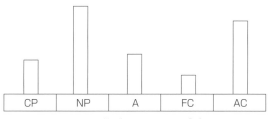

❶図2-6　棒グラフによるエゴグラム

理解を助けようとしました。

　デュセイの方式は，機能的自我状態の主要な5つを横軸にとって，その上に自分がどの程度時間を使っているか，どの自我状態にいることが多いかの相対的な量を，直感的に棒グラフにするというものです（デュセイは，最初は自分のことだと偽りが入るので，自分のよく知っている人で作ることを勧めています）。

　例えば，自分はNPが一番多くて，次がACで，CPとFCはかなり少ないと感じたら，図2-6のような棒グラフになります。

　ここでは，高さが正確かどうかということは問わず，相対的な高さがどうかということが重要になります。この作業をしてみただけでも，自分のパーソナリティの特徴が，浮かび上がってくるかと思います。この図のような人なら，自分はNPが高いので人にやさしく，ACが高くてFCが極端に低いので，言われたことは真面目にやり，自分は我慢してしまうので，結果としてストレスをためやすいといった特徴があるかもしれない，といったことが見えてきます。

　エゴグラムに関するデュセイの仮説として，「1つの自我状態が強度を増したときには，他の自我状態はその分を補うために，強度を減じなければならない」というものがあり，自分のエゴグラムを変えるには，自分がもっとほしい部分を高くすれば，減らしたい部分は自動的に移行するとしています。

（2）質問紙法によるエゴグラム

　デュセイのエゴグラムに関する著作の発表のすぐ後から，直感的方法によらず，より客観的な質問紙法を用いたエゴグラムが様々な人により開発されました。日本では，東京大学医学部の診療内科のチームが開発した東大式エゴグラム（TEG，現在は新版TEG3）が臨床，教育，企業などで最も多く使われて

おり，質問紙も販売されています。このエゴグラムは，科学的手順で作成され
ており，千人以上に対する調査に基づく項目の抽出や信頼性の検討，標準化，
妥当性尺度の付加などが行われています。

　東大式エゴグラムで使われている質問と解釈の一部を全体のイメージがつか
める程度に抜粋するとおよそ，表2-2，表2-3のようなものになっています。

　このエゴグラムを心理テストとして使用するのではなく，自己理解のために
用いるのであれば，より簡易なものでも経験的には実用には耐えると言えます。

●表2-2　東大式エゴグラムの質問からの抜粋

CP	・納得のいかないことに抗議する ・良いと思うことは貫く ・責任感が強い ・良くないことは指摘する ・ついリーダーシップをとってしまう
NP	・何気ない気配りをする ・人の気持ちがなごむように話をする ・親身になって行動する ・人に優しい言葉をかける ・人の役にたつように行動する
A	・他人の話を聞くときに根拠を求める ・理屈っぽい ・予測して行動する ・論理的である ・筋道立てて考える
FC	・ユーモアのセンスがある ・のびのびと振る舞うことができる ・人を笑わせることが得意である ・常にその場を楽しむことができる ・明るい
AC	・他人の言うことに左右されやすい ・他人の評価が気になる ・人の顔色をうかがってしまう ・優柔不断である ・決断することが苦手である

※東京大学医学部診療内科 TEG 研究会によるまとめより

	高い場合	低い場合
CP	責任感が強く，秩序を守り，義理堅い。リーダーシップを取るためには適度にＣＰが高いことが必要。過度に高いと他人の反感を買いやすくなる。	自分にも他人にも高い要求をせず，他人を攻撃したり，批判したりせず友好的である。躾や指導は苦手。
NP	他者を受容し，強要せず，思いやりをもって接することができる。人に温かく接し，親しみやすい。人助けすることに喜びを感じ，世話好きである。	他人にあまり関心がなく思いやりに欠ける。
A	理性的で，感情に惑わされずに，合理的に判断し，行動することができる。事実に基づいて公正な判断をすることができる。冷たい，打算的であるといった印象を与えやすい。	事実に基づいて合理的に判断することが困難であり，混乱しやすい。
FC	自由で何事にも縛られず，直感的であり，のびのびと振る舞い，自分の感情を素直に表現することができる。しかし，自分勝手で，他人に対する配慮に欠けるところがある。	感情を抑制し，素直に表現できないため，物事を楽しめない。
AC	従順で，他人に依存し，感化されやすい。自分の思っていることや感情をなかなか表現できない。協調性，忍耐強さなどのプラス面もある。	非協調的で，融通がきかず，他人の言葉に耳を貸さない。

※東京大学医学部診療内科 TEG 研究会によるまとめより

　ここで注意すべきことに，エゴグラムからわかることは，どれが高いからよいという長所や短所の判定ではないということがあります。

　この結果は，その人の持ち味であり，プラス面もマイナス面もあります。厳しいことを言えるという持ち味は反面，キツイ人だと見られることがあるということも認識する必要があります。また，マイナスだと思うところも裏返せば，その人の持ち味としての長所でもあるわけです。

　自分のエゴグラムを作り，自分の持ち味を生かす人生コースを描いてみたり，自分の伸ばしたいところを伸ばすための行動を意識して強化してみたりといったことにトライしてみることをお勧めしておきます。

3節　組織や職場の活性化とストローク／ディスカウント理論

　ここで少し話題を変えて，皆さんの日常のコミュニケーションを振り返ってみてもらいたいと思います。

　今日の朝，人に会ったとき笑顔で「おはよう」と声をかけ合いましたか。そうだった人は，そのとき，どんな気持ちだったでしょうか。さあ，今日も元気でいこうと気持ちよい朝が始まったのではないでしょうか。反対に，あいさつしたのに無視して素通りされたということがあった人は，そのときどんな気持ちだったでしょうか。

　今度は，働いているときのことを考えてみましょう。疲れているときに，お客さんがニコッとして，「ありがとう」と言ってくれた経験もあるかもしれませんね。自分も笑顔になって元気をもらえたのではないでしょうか。お金をもらう仕事だけでなく，ボランティアをしている場面を思い浮かべてみても結構です。「ありがとう」と言われるとちょっと嬉しくなりますね。

　その他に，日常のコミュニケーションの中で元気をもらえたり，傷ついたりした経験，気持ちが明るくなったり，暗くなったりした経験を思い出してみてください。どんなときにどう感じましたか。

1．ストロークの大切さ

　人は何気ないひと言やしぐさで元気づけられたり，暗い気持ちになったりします。バーンは，人の身体的，精神的刺激に対するニーズを「刺激への飢え」「認められることへの飢え」と呼び，それを満たしてくれるような，人を認める行動に「ストローク（stroke）」という言葉をあてました。

　バーンは，幼児の発達の研究では，幼児が心身ともに健康に育つためには，抱かれたり，さすってもらったりということが必要だということを指摘し，「なでる」「さする」という意味を持つ「ストローク」という言葉を，存在を認知するメッセージ全体を指す用語としました（なお，「ストローク」にはテニスのストロークのように「打つ」「打撃」などの意味もあります）。

私たちにとって，ストロークは必要不可欠なもので，ストロークをもらうと，人は元気になります。反対にストロークが得られないと，何かが満たされない「飢え」を感じ，期待したストロークが返ってこないと，落ち込むことにもつながるのです。

（1）ストロークの種類

　ストロークには，言語的なものと非言語的なものがあります。

　言語的なストロークには，「おはよう」といったあいさつから，「素晴らしい」「いつもよくやってくれてありがとう」など，賞賛や評価を表現する長い会話まで様々なものがあります。

　非言語的なストロークには文字通り，なでたり，さすったりという肉体的接触を伴うものと，会釈や手を振るといったしぐさ・態度で相手に伝えられるもの，プレゼントや報酬を渡すといった行為によって贈られるものなどがあります。

　愛情表現や賞賛，評価，報酬などのプラスの（ポジティブな）ストロークを得ることで人は成長します。

　プラスのストロークを受け取ると，人は気持ちがよいと感じ，またストロークが得られるように行動を強化します。新しい望ましい行動でプラスのストロークが得られれば，またその新しい行動を繰り返すようになり，人間的な成長につながるのです。

　プラスのストロークをうまく得られないときには，怒り，叱責，非難などを得ようとします。これらはマイナスの（ネガティブな）ストロークと呼ばれます。マイナスのストロークを受け取ると人は痛みを感じます。

　ほほえむ代わりに無視したり，人の話を鼻であしらったり，叱りつけたり，たたいたり，といったものがマイナスのストロークになります。ストローク不足のときには，人はマイナスのストロークでもよいから得ようとするとされています。皆さんの周りにも，わざと叱られるような行動を繰り返す子どものような振る舞いをする人がいるのではないでしょうか（後出の表2-4で，これらのプラスやマイナスのストロークの例を，「肉体的なものと言葉や態度などによる心理的なもの」「プラスのものとマイナスのもの」に分けて一覧表にしてあります）。

（2）条件つきのストローク

　また，ストロークには無条件に相手の存在を認めるものばかりではなく，条件つきで相手を認めるストロークがあります。

　「あなたの勉強への取り組み方は素晴らしい」「あなたの人任せな態度に怒っているんです」といったストロークがそれぞれプラス，マイナスの条件つきのストロークになります。条件つきであっても，相手の存在を認めるメッセージとして，相手にとってはストロークになります。

　プラスの条件つきストロークを受けると，自分のとった行動や成果が評価されたことがわかります。マイナスのストロークでは，自分のどこに問題があると思われているのかということを知って，改善するきっかけにすることができます。

　こうした条件的ストロークは，特に仕事で人に接するときには有効なものになります。例えば，部下を叱らなければならない立場になったときに，「そもそも君はやる気があるのか」「だからお前はだめなんだ」などと叱ると，部下に対して無条件のマイナスのストロークを与えることになります。その代わりに，「確認をしなかったことにがっかりしている」「あの態度はだめだ」などと相手の間違っている行動を叱ると，それは，条件つきのマイナスのストロークとなり，相手は自分の存在全体に対するネガティブな評価を受けることなく，改善のチャンスを得ることができるようになるのです。

（3）マイナスで終わらせない

　「いいことを言うね。でも，現実的じゃないと思うけどね」「この前のレポート素晴らしかったわ。でも面白くはないわね」「素敵な服ね。でもちょっと派手すぎない？」

　このように，プラスのストロークを伝えた後でマイナスのストロークで終わると，プラスのストロークは帳消しにされてしまいます。いやみや皮肉として伝わると，3節2．でいう「ディスカウント」になっていくのです。

（4）よいストロークを交換する

　ストロークは与えすぎて疲れてしまうということがありません。ストロークがほしいときは，自分からそれを求めることもできます。あまり得られなければ，自分で自分にストロークを与えることもできます。お互いがよいストロー

クを交換することにより，コミュニケーションは活性化します。

コラム：職場でのストローク

　企業や組織においても，ストロークであふれた職場は活性化します。その第一歩として，お互いにあいさつをきちんとすることが，企業でも大事にされています。

　日本企業では，昔からいろいろな「あいさつ運動」が行われてきました。「オアシス運動」などが代表的なものです。オアシスとは，「おはようございます」「ありがとうございます」「（お先に）失礼します」「すみませんでした」の頭の一文字をとって覚えやすく並べたものです。節目節目でしっかりストロークを交換することで職場の活力が生まれることが経験的にも明らかだからです。

　皆の前で発表した後には拍手をしよう，目標を達成した人を目に見える形でたたえようなど，ストロークを増やす文化を意識して作っている会社も多くあります。

2．ディスカウントを避ける

　たとえ，ストロークがマイナスのものであっても，存在承認として機能するのに対して，「存在を認めない」「存在の価値を引き下げる」「存在するなと伝える」メッセージは破壊的なもので，相手は傷つくだけで建設的な行動につなげられるメッセージは受け取りません。

　これらのメッセージはディスカウント（discounting：値引き）と呼ばれます。

　このディスカウントを行う人は，「今，ここ」での問題解決に関する情報を無視することとなり，問題は未解決のままとなります。その人は，自分自身の能力を「値引き」しているということにもなるわけです。

　ディスカウントを示す行動としては，「何もしない（無視するなど）」「過剰適応する（過干渉・余計なおせっかいなど）」「いらいら（いやみを言うなど）」「暴力（手をあげるなど）」があります。ディスカウントの概念は，バーンのTAを発展させた主要な流れの1つである，シフ派理論の中で使われています。幼児期の決断（詳しくは次節を参照）を分析し，治療につなげるリペアレンティングの概念ですが，コミュニケーションの中でも相手に対してメッセージとし

て発せられるので，ここであわせて紹介しておきます。

3．ストローク，ディスカウントの例

　日常で行ったり，出会ったりする行動の中で，どんなものがストロークになり，どんなものがディスカウントにあたるかを，表2－4にまとめてあります。

❶表2-4　ストロークとディスカウントの例

	ストローク（存在を認知する）			ディスカウント	
	プラス		マイナス	（存在，価値を無視する）	
肉体的ストローク	なでる さする 抱く キスする ほおずり 手をつなぐ 握手する スクラムを組む 肩を組む 軽くたたく	爪を切る 一緒に入浴する 背中を流す 髪をとく 添い寝する 授乳 看護 手当てする マッサージする 指圧，あんま	たたく	なぐる 打つ ける 髪を引っ張る つねる しばる 強く押す 突き飛ばす ひっかく かみつく	ものをぶつける 踏みつける ひじ鉄砲 引きずり回す お灸をすえる ムチ打つ せっかん 自殺 殺人
心理的ストローク	ほめる はげます うなずく 敬う あやす 会釈する ほほえむ 拍手する 身を乗り出す 目礼する 一緒に遊ぶ 一緒に喜ぶ 仲間に入れる 手を振る あいさつする	話しかける プレゼント 傾聴する 相手の目を見る 手紙を書く 電話する ねぎらう 情報を知らせる 信頼する 任せる 表彰する 真心 正直 愛情	叱る 注意する 忠告する 反対する	皮肉 いやみ にらむ けなす おせっかい 嘲笑 冷笑 目をそらす 顔をしかめる ソッポを向く ものを取り上げる 与えない おあずけ 仲間はずれ	情報を流さない 窓際族 仕事を干す 疑いをかける 憎しみ 過干渉 過保護 嘘を言う とりあわない かげぐち 噂話 無視 無関心

自分の普段のコミュニケーションを振り返ってみてください。ストロークの量はどのぐらいでしょうか。どんなストロークが多いでしょうか。ディスカウントをしていることはないでしょうか。

　反対に，自分がよく受け取っているのはどんなストロークで，そのときの気持ちはどんなものだったでしょうか。明るい気分になり，やる気が出たのはどんなときだったでしょうか。

　表2-4も参考にして，よいストロークをたくさん出すようにしてみましょう（その際注意する点として，心にもないことを軽々しく並べるのはやめましょう。バーンはそれを「マシュマロを投げる」と呼びました。それでは，ストロークとしての機能は発揮されなくなってしまいます）。

4節　自分の生き方を予測し変革する「人生脚本」理論

　TAのもう1つの重要概念が，人生脚本というものです。

　人生をドラマにたとえると，人は皆ドラマの主人公です。ドラマには，脚本があって，人はそれぞれの役割を演じます。同じように主人公である人は皆，書かれてはいない脚本を持っていて，同じような状況ではいつも同じような行動をしてしまいがちだ，というのが人生脚本という考え方です。

　この脚本は，幼少期に自分を守るために，意識しないで行った人生の決断によって描かれます。

　この人生脚本に問題があると，例えば，勝者になってはいけないというシナリオを持っていると，就職や結婚など大事なときに，自分はNOだということを証明する行動をとってしまうことになるというのです。

　自分で自分の問題のある人生脚本に気づき，こだわりの多くを投げ捨てて，その脚本から解放されて再出発することで，希望を持てる人生が描けるとバーンは考えます。その後の理論の発展の中では，人生脚本の理論に基づき，バーンの心理療法が継承され，また，リペアレンティングや再決断療法などの新しい手法が開発され，治療や健康な人の問題解決が図られています。

1．人生脚本とは何か

　バーンの1972年の定義によれば人生脚本とは，前意識的なものとして「幼児期の決断に基づく人生計画で，両親の影響によって強化され，引き続き起こる重大な出来事によって正当化され，自分の選択によって最高潮に達し終わるもの」とされます。

　小さくて肉体的にも弱い幼児にとって，親は絶対的な強者で全能な存在です。親にたたかれて育つ幼児は「ひょっとすると殺されるかもしれない」と感じてしまいます。しかも何の抵抗もできません。感情を出すとたたかれるから，それなら感情を出すのはやめようと，判断力がないときに決断をしてしまうのです。そうすると大人になって，上司から意見を言ってくださいと言われたときに，気がつかずに幼児期の決断に戻り，すごく怖くなり，青ざめて冷や汗が出て発言できない，といった行動につながることもあるのです。

　反対に，泣いたら抱きしめてもらえた，笑ったら一緒に笑ってもらえた，いたずらや小さな冒険をしても許可され，守ってもらえたという幼児期をすごすと，自分は自然な感情のままに生きてもよいんだ，守られているんだという決断をして，それにそった人生の脚本を描くことになるわけです。

　この定義でもう1つの重要な点は，「自分の選択によって最高潮の」結末に達するということで，脚本は結末に向かって計画され，その結末に近づくための行動が選ばれるという点にあります。

　幼少期に前意識的に描いた人生の脚本ですが，その大きな捉え方としては，「勝者の脚本」「敗者の（悲劇的な）脚本」「勝てない者の（平凡な）脚本」があります。

　バーンによれば勝者とは，「自分が公言した目的を達成する者」です（一般的な「勝ち組」といった意味ではありません）。その脚本においては，人は目的達成に近づくための行動を選択し，1つの行動がうまくいかなくても成功するまで様々な取り組みを行います。

　それに対して「敗者の脚本」を持つ人は，敗者の決断を再演し，目的を達成しない行動をとりがちです。自分は悲劇の主人公という脚本を持つと，自分が悲劇的な状況になるような決断を行ってしまうのです。

「勝てない者の脚本」では，人はリスクをとらず，大きな敗北もしない代わりに勝つこともありません。その結果，平凡な人生のコースを歩むことになります。

自分の脚本が勝者の脚本である場合には，さらに進んだ分析は必要ありません。もし，自分の中に敗者の脚本や勝てない者の脚本が混在していて，すべてにおいてそうした脚本に基づいて生きており，それを変えたいと願うならば，人生脚本を検討してみる価値があるかもしれません。

それは，自分の脚本に気づくことで未来の姿を変えられる可能性が生まれるからです。人がどの部分で敗者の決断をしたかを発見し，それを勝者の決断に変えられれば脚本を書き変えることができるというのが，TA の人生脚本理論の核心です。脚本を知ることで，意識して子どもの頃の決断から自由になり，脚本から解放された成人（A）として，自律的に現在の現実に立ち向かうことができるのです。

この TA の人生脚本分析という手法は，自らの社会に対する構えや将来のキャリアを構想していく上でも役に立つものです。自分自身の人生脚本を分析し，そこから自由になって成人として，自分に好ましい脚本を持って人生に臨めたら，素晴らしいことだと思います。

２．脚本を決定づけるもの

自己の脚本を知るには，脚本を決定づけた重要な要素を分析することも役立ちます。TA 理論で脚本を決定するとされるものは，第一に，「人生の立場」と呼ばれる自己と他者に対する基本認識です。そして，第二には，幼児期の様々なメッセージに対する反応としてできあがった決断の組み合わせです。

（1）人生の立場：心理ポジション

「心理ポジション」とは，人が次の4つのスタンスのどれに立っているかということです。

①私は OK である。あなたは OK である。(I am OK − You are OK)
②私は OK である。あなたは OK でない。(I am OK − You are not OK)
③私は OK でない。あなたは OK である。(I am not OK − You are OK)

④私は OK でない。あなたは OK でない。(I am not OK – You are not OK)

　バーンは，3 歳から 7 歳の間にこのどれかが，自分の基本的ポジションとして採用されると，子どもはその後の人生脚本全体をその立場をもとに構成しやすいものであるとしました。

①I am OK – You are OK のポジション

　　これは一番健康な立場とされるもので，「本質的に建設的」であるとされ，このポジションからコミュニケーションをしていけば，いろいろな人とうまく一緒にやっていくことができます。子どものときにこのポジションを身につけていれば，勝者の脚本を持っている可能性が高くなります。愛されて育つことで，自分は愛される価値があり，両親も信頼できる愛するに値する人だという認識を持ち，それを周りの人に一般化するのです。TA の治療では最終的に健康なこのポジションを形成する努力が行われます。

②I am OK – You are not OK のポジション

　　このポジションからは，一見勝者の脚本に見える人生のドラマが描かれやすく，目的を達成し，困難な人間関係を処理するにあたって，他者を排除することを選びがちです。

　　このポジションでは，常に他人を自分より下におかなければならないという意識を持ちます。上司や経営者の立場なら，部下や社員にあなたは not OK だという姿勢で対処します。そして，ある程度までは成功することもあります。しかし，周囲から拒絶を受けるなど，自分の NO を覆す OK に直面するとドーンと落ちて，痛手を負った敗者に転落することになります。また，この立場は偏執症的ポジションとも言われ，最悪の場合には他の人を殺してしまうようなドラマを演じることもあります。

③I am not OK – You are OK のポジション

　　この立場からは，敗者または勝てない者の脚本が書かれやすくなります。自分は not OK という意識は，子どもの頃の愛情の欠如などからもたらされ，例えば親は男の子を望んでいたのに女だったから女であることが悪い，自分はいらない子だと結論づけたりして，自分は not OK だというポジ

ションに立ちます。この消極的なポジションからは，自分が犠牲者である
という脚本や勝てることはないという脚本が描かれがちです。他人を排除
するよりも自分を排除し，自ら孤立したり現実から逃避するような行動を
とることにもつながります。また，無力な状態の中で自分は not OK だと
決断した人が怒りの感情によって，最終的に自分は not OK じゃない，親
が悪いんだと決断すると，I am OK－You are not OK の立場となり，人
生の立場が変化してしまうこともあります。

④ I am not OK－You are not OK のポジション

　バーンはこれを無益なポジションと呼びました。人生は絶望的なものだ
という確信に基づく脚本を描き，自分は劣っていて愛される価値もない，
周りの世間も OK ではないから愛する価値もなく，助けてもくれないと感
じるのです。このポジションからは，他者を拒絶し，他者からも拒絶され
るという，先に進めない行き止まりの行動が生まれがちです。最終的には
発狂したり，自殺によって自分と世界を否定する可能性もあるのです。

（2）心理ポジションを変えるためには

　I am OK－You are OK の健康な立場について，バーンは，「人生の早期の
経験によってそうなるか，またはその後の非常な努力によって学ばなければ得
られないものであり，単に意志による行動だけで得られるものではない」とし
ており，心理ポジションを変えることは簡単なことではありません。

　しかし，バーンは，人は幼少期に基本的ポジションを身につけるが，成人は
その立場に常にとどまるわけではなく，生活の瞬間瞬間のプロセスで4つのポ
ジションの間を自由に移行することができるということにも注目しました。

　その考え方を発展させたのが，F.アーンストによる分析方法で，それは有
名な映画のタイトルを借りて「OK牧場」と名付けられました（図2-7）。

　OK牧場では，大人の社交関係の中に反映された子ども時代の立場をオペ
レーションと名付けています。仕事や生活の中で，気がつかずに子どもの自我
状態から特定のオペレーションに入ってしまうと，人は脚本化された行動をと
ることになりますが，成人の自我状態に入って，どのオペレーションを選択す
ることもでき，脚本から脱した結果を得ることもできるのです。

私にとってあなたはOKである

オペレーション：「……からの逃避」	オペレーション：「一緒にやっていく」
（憂鬱な立場）	（健康な立場）
オペレーション：「行き止まり」	オペレーション：「排除する」
（不毛な立場）	（偏執的・被害妄想的立場）

私にとって私はOKでない（左側縦書き）／私にとって私はOKである（右側縦書き）

私にとってあなたはOKでない

⇧図2-7　OK牧場

　つまり，子どもの自我状態から脱し，成人の自我状態で，I am OK − You are OK の「一緒にやっていく」ポジションでやりとりをして，その行動によって I am OK − You are OK の感覚や確信を持てれば，私は OK，あなたも OK という立場を強化することが可能になるというわけです。

（3）決断をもたらすメッセージ

　脚本を構成する決断に影響を与える要素としてバーンがあげた主なものは，次のようなものです。

①報酬・属性

　「将来絶対成功する」「若死にする」「犯罪者になる」など親が子どもに人生の最終的な到着点を伝えるものです。属性のメッセージは，「この子はおとなしい」「お前はばかだ」「あなたはやればできる子」など直接言われたり，両親が話しているのを聞いたりして受け取られます。

②禁止令・拮抗禁止令

　バーンによって最も重要な部分と考えられたもので，「言われた通りにしなさい」「どっか行きなさい」「早くしなさい」「○○してはだめです」という直接的な命令として与えられたメッセージです。拮抗禁止令は，言葉が十分理解できるように与えられる，より一般的なメッセージで，「お金は一番大事なものだから無駄使いしてはいけません」「しっかり勉強しないと立派な大人になれません」「嘘つきは泥棒の始まりだ」など格言なども含む無数のメッセージが与えられます。

こうした拮抗禁止令の中で，特別な役割を果たす命令が５つあり，それは「駆り立てるもの（ドライバー）」と呼ばれています。それは，「完全であれ」「強くあれ」「もっと努力しろ」「他人を喜ばせろ」「急げ」の５つです。

　成人になってからもその命令によって行動することで，自分の人生を駆り立てて，健康や友情，遊びなどの人生の幸福を犠牲にする可能性もあります。

③プログラム・模倣

　脚本を実現するために何をすべきかを子どもに教えるもので，多くは親がモデルを示すことによって伝えられます。単純に言えば，親の脚本とそれを実現するための行動が，子どもにプログラムされるのです。

④許可

　命令や禁止のメッセージと異なり，「存在してよい，親しくしてよい，自由に振る舞ってよい」といったメッセージを伝えます。それは，肯定的な命令とも異なり，様々な選択肢の中から，子どもが自由に選ぶことを認めるメッセージになっています。

　バーンの考えでは，許可は脚本から自由になる能力を人に与える鍵であるとされています。禁止令が強ければ人は脚本に縛られますが，その禁止令を解除する「許可」があれば脚本に縛られない生き方が可能になるのです。

　ＴＡの治療では，セラピストが，両親からもらわなかった許可を与えることで脚本に縛られた行動からの解放を目指します。

　健康な人の場合でも，自己分析や人に話を聴いてもらうコーチングなどの経験を通して，こうした禁止令に「気づく」ことができれば，そこから自分自身に許可を与え，脚本を書き変えるほどの強力な力はなくても，ほんの少しずつ未来を変えることができるのです。

5節　キャリア開発のための「キャリア・アンカー」理論

1．キャリアとは何か

　多くの人々は，働きながら生きています。「仕事をしながらどう生きるのか」を考える上で，大切なのは「キャリア」という概念です。一般論としての「キャリア」という言葉には，いくつかのニュアンスが含まれています。例えば，以下のようなものがあります。

　　①組織の中での昇進を伴うような，仕事の積み重ね
　　②官僚などのような「ある職位」の次は「この職位」のように，パターン化された段階
　　③1人の人間の生涯にわたる職務，あるいはスキルの積み重ね
　　④仕事に関連して果たした役割や，失敗も含めた成果。そしてそこから得られたスキルの連続

　本書では，「キャリアとは，仕事に関連して，個人が生涯にわたり積み重ねてゆく経験やスキル」と定義して話を進めます。

2．キャリア発達の10段階

　この「キャリア≒仕事人生」を考えていく上で，参考になるのが組織心理学者，E. H. シャインのキャリア・アンカー理論です。
　シャインは，「キャリア」には大きく10の段階があると言っています（表2-5）。
　就職活動は，第2段階から第3段階に関わる，ある時期の人生のイベントです。シャインのキャリア・アンカー理論を応用して，第3段階以降の仕事人生を考えてみましょう。

●表 2-5　キャリアの10段階

第10段階	リタイヤ（退職）する
第 9 段階	仕事から引き始める
第 8 段階	勢いを維持する，回復する。あるいはピークを迎える
第 7 段階	キャリア半ばの危機が訪れ，自分を再評価する
第 6 段階	手に終身雇用権（テニュア）を獲得し，長く権利を行使しようとする
第 5 段階	一人前の成員として認められる
第 4 段階	基礎訓練を受け，社会になじむ（中習い，半人前のレベル）
第 3 段階	仕事生活に入る（新入社員，見習いのレベル）
第 2 段階	教育と訓練を受ける（中学～高校～大学など）
第 1 段階	成長しながら，空想と探索をする（幼児～小学生）

3．キャリア・アンカー「仕事人生の舵取りのよりどころ」

　シャインはアメリカの心理学者です。シャインは，個人や組織の行動に影響を与える要因について幅広く研究し組織文化という概念を構築しました。ナショナル・トレーニング・ラボラトリー（National Training Laboratories, NTL Institute）において，Ｔグループ・感受性訓練などのファシリテータの経験を経て，『組織文化とリーダーシップ（*Organizational Culture and Leadership*）』（1985年）を発表しています。

　その後，組織だけでなく個人にも注目するようになり，キャリア・アンカー理論を構築しました。シャインは，個人がキャリアを選択する際に，自分にとって最も大切で，これだけはどうしても犠牲にできないという価値観や欲求，動機，能力などをキャリア・アンカーと名付けました。

　船の「錨」（アンカー：Anchor）のように，仕事人生の舵取りのよりどころとなるキャリア・アンカーは，一度形成されると変化しにくく，生涯にわたってその人の重要な意思決定に影響を与え続けると言われています。

　シャインは，キャリア・アンカーを次の 8 種類に分類しています。これらは仕事の内容ではなく，何を最も大切にして仕事に取り組むのか，その姿勢やポリシーを突き詰めた人生観です。時代の変化のあおりを受けても，見失うものではありません。個人のキャリアデザインに役立つのはもちろんのことですが，企業や組織においても，社員 1 人ひとりのキャリア・アンカーを見極めること

で，適材適所の人員配置や能力開発に生かすことができます。

①専門・職能別コンピタンス

　特定の分野で能力を発揮し，自分の専門性や技術を高めたい

②全般管理コンピタンス

　集団を統率し，権限を行使して，組織の中で責任ある役割を担いたい

③保障・安定

　1 つの組織に忠誠を尽くし，社会的・経済的な安定を得たい

④起業家的創造性

　リスクを恐れず，クリエイティブに新しいものを創り出したい

⑤自律と独立

　組織のルールや規則に縛られず，自分のやり方で仕事を進めたい

⑥社会への貢献

　社会的に意義のあることを成し遂げたい

⑦ワーク・ライフ・バランス

　個人的な欲求や家族の願望，自分の仕事などのバランスをとりたい

⑧純粋なチャレンジ

　解決困難に見える問題の解決などにチャレンジし続けたい

4．自分のキャリア・アンカーを考える

　表 2-6（次頁）のシートを使うと，キャリア・アンカーの順位付けを行うことができます。自分が大切にしている価値観や欲求，動機，能力などをじっくりと考えて，順位付けを行ってみてください。これからの仕事人生を考えるのに役立つはずです。

　シャインは，キャリア・アンカーを明確にするために，質問紙とインタビュー（コーチング）を併用することを勧めています。自分自身のこれからのキャリアを考えるためには，友人や同僚と聴き合いながら考えることも有効です。

❶表2-6　キャリア・アンカーの順位付け

	私のキャリア・アンカー順位付け	その理由は？
1位		
2位		
3位		
4位		
5位		
6位		
7位		
8位		

第**3**章

One to One の
コミュニケーションの心理学

〜他者を理解し，目標に向かって動機づけるコーチング〜

1節　コーチングの可能性と重要性

1．コーチングとは

　スポーツのコーチという言葉は皆さんにもなじみが深いものでしょう。ス
ポーツの世界では，トップアスリートには必ずコーチがいます。

　同じようにビジネスやプライベートにおいても，コーチは驚くほど機能しま
す。コーチは，クライアント（コーチを受ける人）が実現したいと願っている
ゴールを明確にし，それを可能な限り短期間で達成できるようにサポートする
のです。そして，固有名詞としての「コーチング」は，このサポートのプロセ
スとスキルを指すものです。

　コーチングとは，「相手の中にある，答え，可能性を引き出すコミュニケーショ
ン・スキル」と言えるもので，相手が望む状態を実現するために，相手自身が
考え行動することを支援する対話，と定義されます。

　また，コーチングとは，「相手の自発的な行動を促進するためのコミュニケー
ションの技術」とも言われています。コーチは相手の話をしっかり聴き，また
適切な質問をします。それによって，相手のクライアントが話をする中で自ら
気づくことを促し，相手に考えさせ，相手自身が持っている「答え」と前向き

な意欲を引き出していきます。

　ビジネスの世界では，リーダーの立場にある者にはメンバーの目標や問題点を明確にして目標達成や問題解決の実現を支援することが求められます。そこでよく機能するのがコーチングなので，企業の経営幹部育成プログラムの中にもコーチングが取り入れられることが多くなっています。

　そして，コーチングのスキルには，対人コミュニケーションをうまく行うための基本も含まれているので，コミュニケーションの基礎を身につけるための教育として，若い層にコーチング研修が行われることもあります。

　背景として，社会の変化やIT技術の広範な広がりによって，一般社会のみならず企業内でもコミュニケーションが希薄になってきており，仕事に必要なコミュニケーション能力が十分でない社員が増えてきていることも指摘されています。相手の思いや希望，置かれている状況，感情などを十分に理解できなければビジネスのコミュニケーションは成立しません。コーチングのスキルはこの他者理解の力に結びつき，さらに一歩進んで，他者が自己理解を深めることを支援する力にもつながるものです。

　コーチングそのものは，心理学の中から出てきたものではありませんが，コーチングが生まれた背景には，第1章でふれた第三の流れの心理学が深く関わっています。また，コーチングのスキルの中には心理学の知見が色濃く反映されています。そこで次項では，少し詳しく，固有名詞として使われる「コーチング」が生まれた歴史を見て，さらにコーチングが，どのようにビジネスの現場で活用されてきたかを見ていきます。

2．コーチングの歴史と活用

　コーチングという言葉を使っていなくても，対話と質問によってコーチング的な機能を実現することは，親子や教師と生徒の間，宗教，哲学，芸術などにおける師弟の間で広く行われてきました。古くは，ソクラテスが「問答法」というやり方を，その哲学の基本に置いています。ソクラテス式問答法は，相手に質問を投げかけることで，相手が正しい答えを見出すことをサポートするという意味では，現在のコーチングにもつながるものを持っています。

　コーチという言葉が，コーチング的な意味で使われ始めるのは比較的最近の

ことになります。19世紀末から20世紀になり，様々なスポーツ競技が盛んになると，スポーツの指導者（技能や練習法について助言をし，意欲を引き出してくれる存在）としてコーチが登場します。1880年代にボート競技の指導者を「コーチ」と呼び始め，それ以降，テニスなど他のスポーツにも広がっていったとも言われます。

　コーチという言葉の語源をたどると，古い英語の「馬車」を意味する言葉から派生しているそうです。「今いる場所から，行きたい場所に人を運んでくれるもの」というのがその意味するところです。

　ちなみに，そもそもの語源は，中世ハンガリーのコチという町が当時の輸送網の重要拠点であり，そのため，そこで盛んに馬車が作られるようになり，ハンガリー人がその町の名をとって「コチ」と呼んだところから，様々なヨーロッパ言語に取り入れられた言葉のようです。

　さて，古い話はこれぐらいにして，現在のコーチングにつながる流れを見ておきましょう。

（1）ガルウエイのコーチング

　1970年代になると，スポーツのコーチの世界で，現在の「コーチング」にもつながる画期的な方法が登場します。当時，人間性心理学の重要な拠点だったエサレン研究所（第1章参照）で，テニスのコーチをしていた T. ガルウエイが「インナーゲーム」という体系化された概念を創造してテニスプレーヤーへのコーチングを行ったのです。ガルウエイはその後，ゴルフやオーケストラの演奏家に向けたコーチングへもその方法論を適用しましたが，インナーゲームの概念がビジネスにも通じるものがあることから，大企業からもビジネスコーチングの依頼を受けるようになりました。

　ガルウエイは心理学者ではありませんでしたが，エサレンで人間性心理学や東洋思想，スポーツ心理学，無意識のプログラミングなどからアイデアを得ています。

　それでは，インナーゲームとはどのような概念だったのでしょうか。

　ガルウエイはテニスをする人の，内なる自分として，セルフ1（評価者・指示者）と，セルフ2（身体的知恵を持つ実行者）とを分けて捉えました。セルフ1は，批判的・評価的に物事を捉え，どこが悪いのか，どうすればミスを起

こさないかを指示し，行動をコントロールしようとします。セルフ2は，正しい方法を教わっていれば，思考せずに物事を上手に行うことができるものです。そして，プレイのときには，前者のセルフ1が内なる敵となって，心が乱れ，本来のセルフ2の力が発揮できなくなる，というのがガルウエイの考え方でした（これは，皆さんのスポーツや習い事の経験を思い起こすと容易に納得される点だと思います。悪い癖を直そうとするほどに，身体が硬くなって，今までうまくできていたことまでできなくなってしまった経験があるでしょう）。

　そこで，コーチの重要な役割は，この2つのセルフがよい形で協力し合えるような調整を行うこととなります。そして，ガルウエイは，試合の一番重要な瞬間，相手の球を打ち返す瞬間にセルフ1が邪魔をしないようにするモデルを作りました。評価なしで瞬間に向き合うために，自己観察や客観的事実の観察を行うというのがそのモデルです。

　例えば，テニスの例では「ボールをよく見る」という代わりに，「ボールの縫い目がどの方向に回転しているか確認する」ように求めました。ボールをよく見ようとしても，どうやってよく見ようかということが，かえって，よく見ることを邪魔してしまいますが，縫い目の方向という具体的な事実に焦点を当てることで注意をそらすことがなくなり，コーチに対するフィードバックも具体的に行うことが可能になるわけです。

　さらにセルフ2に正しい方法のイメージを持たせるために重要なこととして，自分のやり方を批判的に分析して直そうとするのではなく，お手本をもとに正しいやり方をセルフ2にプログラミングすることが勧められています。セルフ2に正しいイメージが作られていれば，セルフ1に邪魔をさせずに，セルフ2のなすがままに任せればよい結果が得られるようになるという道筋になるわけです。

コラム：ガルウエイコーチング

　ガルウエイは直接，コーチの訓練を行うような活動は行っていません。また，その著書でもビジネスに関するコーチングにはふれられていません。

　そのコーチスタイルも，現代の「聴く」ことを基盤としたコーチングとは違うアプローチをとっています。

しかし，ガルウエイの本は固有名詞としての「コーチング」の草創期に大きな影響を持ったものでした。

例えば，1990 年代にイギリスでコーチングを広めた J. ウィットモアは，ガルウエイのトレーニングを受け，そのアイデアを取り入れて，アスリートやビジネス向けのプロコーチとして活躍しました。2002 年にウィットモアの書いた『はじめのコーチング』は，ビジネスでのコーチングに焦点を当てたものになっており，現代のコーチングにつながるものとなっています。

（2）レナードのコーチング

ガルウエイは，名コーチでコーチングの創始者の 1 人と言える存在でしたが，現在の「コーチング」で学ぶスキルにつながる基礎は，1980 年代にアメリカのT. レナードが築きました。

ところで，このレナードもガルウエイと同じく，エサレンに関わりのある人物です。レナードは，ランドマーク・エデュケーションという会社の予算部長を務めていましたが，この会社は，1971 年にエサレンに設立された EST（Erhard Seminars Training：W. エアハードによって開発された自己開発セミナーのプログラム）という「気づき」の自己啓発トレーニングの知的所有権を1980 年代に買収して，参加者がお互いに 1 対 1 のコーチングを行うトレーニングを行っていました。レナードもそこで行われるトレーニングに精通していたという背景があります。なお，ガルウエイは EST の設立者のテニスコーチだったそうです。

個人を対象とした専門的な金融アドバイザーでもあったレナードは，顧客の財務上の相談に応じている中で，彼らからキャリアや人生についての相談も受けるようになったといいます。専門外の相談で何のアドバイスもできない中でレナードは，真剣に顧客の話を聴くことしかできないのにもかかわらず，顧客の表情が輝き始め，感謝されるようになる経験をしました。

そして，顧客が自分自身の人生の問題を解決するサポートをするため，様々な心理学の知識も活用して，現在の「コーチング」の基礎となる方法論を構築していったのです。まず，クライアントの話を全力で「聴く」だけでも，相手が元気になり，自ら答えを見出すこともできるという現代のコーチングの原点

がここにあります。

コーチングは1つの統一された学派のようなものではなく，様々な地域で様々な団体や人がそれぞれの工夫や取り組みを行っていますが，固有名詞としての「コーチング」を使っている限り，コーチングの創始者であるガルウエイやレナードの流れをくむものと見ることができます。

（3）人間性心理学の影響

創始期にコーチングに取り組んだこの2人は，心理学者ではありませんでしたが，エサレン研究所という環境に身をおいていたこともあり，A.マズローやC.ロジャーズらに代表される人間性心理学に強い影響を受けています。

人間性心理学では，人間は成長と発展を望み自己実現を求めていると考え，人間の本質は信頼できる，完全で尊い存在だと捉えています。

マズローは，「人間性心理学が取り上げるのは，人間が達成感を求める気持ち，つまり人間が実際に自分のなれるものになろう，自分がなれるもののすべてになろうという性質なのだ」と語っています。

また，ロジャーズは，クライアントと向き合うときには「クライアントをありのままに受け止めて尊重し，セラピストの意見や選択肢を押しつけない」という無条件の肯定的関心を強調しました。そして，「個人は自分自身の中に，自分を理解し，自己概念や態度を変え，自己主導的な行動を引き起こすための巨大な資源を持っており，そしてある心理的に促進的な態度についての規定可能な風土が提供されさえすれば，これらの資源は働き始める」（パーソン・センタード・アプローチ）と主張しています。

このロジャーズのクライアントと向き合う姿勢は，コーチングに色濃く受け継がれているものとなっています（まず，2節でコーチングのスキルを概観した上で，3節で再度ロジャーズのパーソン・センタード・アプローチの内容を少し詳しく振り返ってみます）。

このような人間性心理学の影響もあり，コーチングは「人は自分の中に答えを持っている。その答えを引き出し，自発性に基づいた行動を促していくことがコーチングである」という信条を持つものとして発展してきました。

そこから，クライアントの手助けをしようとするコーチは，クライアント自身が持っている成長の可能性を伸ばす必要があり，特定の行動を強制したり，

進むべき方向を指示したりすべきではない，というのが「コーチング」の基本的な姿勢となっているのです。

（4）コーチングの展開

　次にコーチングの普及がどのように行われ，今日どのように活用されているかにふれておきましょう。

　レナードは1988年にデザイン・ユア・ライフというライフプランニングのセミナーを始め，彼が体系化した方法に基づくコーチングを行いました。その第1回のセミナーの受講者で，レナードの同僚でもあった L. ウィットワースは，1992年にコーチ・トレーニング・インスティチュート（CTI）を開設し，プロコーチの育成をスタートしています。そして，同年にはレナードもコーチ・ユーを設立しコーチのトレーニングを行うようになり，1994年にはプロコーチの団体として国際コーチ連盟（ICF）を創設しています。こうした先駆者たちの影響を受け，その後，ヨーロッパや南米でもコーチのトレーニングを行う組織が設立されました。1999年にイギリスで設立されたコーチング・アカデミー，2001年にブラジルで設立されたインターナショナル・コーチング・コミュニティ（ICC）などが主なものです。また，コーチングの商品化，パッケージ化も進んでいます。

　こうした動きを通じて，コーチングはまずアメリカで口コミを通じて盛んに行われるようになりました。アメリカの大企業で最初にコーチングを取り入れたのは，1995年頃の IBM で，その後多くの企業の人材開発に取り入れられました。

　今日では，欧米中心にエグゼクティブ・コーチングという企業の経営幹部に対するワン・トゥ・ワン（One to One）のコーチングが大きなビジネスとなっており，日本でも管理職向けの教育研修の一環として，部下指導のためのコーチング・スキルの研修などが盛んに行われています。多くの日本の企業でも，成果をあげるための戦略的なチーム運営に関わるプロジェクト・コーチング，新しい仕事や役職につくときのサポートを行うトランジション・コーチングなども行われています。一方で，企業を離れたところで個人的な人生の目標を達成するのをサポートする，ライフ・コーチングやパーソナル・コーチングなどへの展開も盛んに行われています。

コーチングの歴史について最も詳しく，本節のコーチングの歴史に関する記述のベースとなっている2012年に出版された『コーチングのすべて』という本によると，現在ではアメリカのフォーチュン誌が選んだ上位500社の40％がコーチングを利用しているとされています。

3．コーチングとヒアリング・スキル

（1）コーチングの主なスキル

コーチングの主要なスキルは，「聴く」「質問する」「伝える」の３つです。後述する他のスキルもこの３つの中で使われるものであり，大きく捉えるとコーチングのスキルはこの３つしかありません（図3-1）。

（2）聴くことの重要性

ここでまず重要なのは「聴く」スキルです。前項のレナードの箇所でもふれたように，相手を全面的に受け入れ，尊重して話をしっかり聴くだけでもコーチングの機能は発揮されるのです。

人間には，頭に浮かんだ思考を言葉にする中で，あいまいな思考が明確なものになったり，自分の考えや思いに気がついたり，モヤモヤした気持ちがすっきりして意欲が湧いてきたりするといった心の働きがあります。本節2項でふれたレナードがコーチングに進むきっかけとなった経験は，まさにこの心の働きの気づきだったと言えるでしょう。

コーチングの世界では，この作用について，生理学の言葉を借りて，「オートクライン」（autocrine／自己分泌：分泌された物質が分泌した細胞そのものに作用する）と呼んでいます。自分が話した言葉を再び耳で聴くことによって，その刺激で心の奥に隠れていた思考や想いが連想的に浮かび上がってきたり，別々の経験や概念が結びついたり，ガルウエイの言うインナーセルフが働き出したりということが起こるわけです。

●図3-1　コーチングの３つのスキル

　皆さんの経験の中でも，家族や友人，同僚などに相談して，今自分が悩んでいることを話しているうちに，自分の中に解決策が浮かんできて，気持ちがすっきりしたといったことがあるのではないでしょうか。

　認知心理学には，内観法を洗練させたものとして，課題遂行中の頭の中に浮かんだことを実況するように言葉に出して報告する「発話思考法」があります。心理学の発話思考法は，ヒューリスティック（発見的）な推論や特定のタスクに関する思考過程の情報収集を目的としているという目的の違いはありますが，手法は相通じるものを持っています。

　いずれにしても，コーチが真剣に話を聴くことによって，クライアントの発話思考が活性化され，自ら考えを整理し，アイデアや気づきを生み，自分で決めた目標や行動への決断が生まれることは，コーチングの大きな効果です。

　さて，この「聴く」ことのためには相手（クライアント）と親和的な関係（ラポール）を作ることが不可欠です。ラポールを作って「聴く」スキルにはカウンセリングの技法が応用されているのです。そして，このラポールを作るスキルがないと「質問」「伝える」というスキルは機能しないのです。

　聴くことで相手の安心感を作るのがコーチングのベースになりますが，これはロジャーズのカウンセリング・スキルの流れをくむものとなっています。

（3）傾聴をベースに質問し，伝える

　クライアントの思いをしっかり傾聴してそれを受け止めた上で，ラポールを高めながら「質問」をすることでコーチングは深まっていきます。

　カウンセリングにも「聴く」ための質問技法はありますが，「質問」というのはソクラテスの問答法や禅問答のように，緊張感を伴って切り結ぶことで深まっていくもので，病気の人にそれはできないため，カウンセリングでは何かを引き出すような積極的な使い方はしません（後述するマイクロカウンセリングでは，クライアントを共感的に理解する技法として，質問のスキルのトレーニングも行っています）。

　コーチングでは，この質問を積極的に使うことで相手の中にあるものを引き出していきます。問答法のプロセスをスキルとして高めたものが，コーチングの主要部分と言うこともできます。クライアントの中にあるものを引き出すためにどんな「質問」をするかについては，問いかける人の教養や力量（質問す

る内容に関わる背景的知識のフレームワークや知識の深さ，相手が語るテーマについての理解力や判断力，相手の状況を思い描く想像力，物事の流れなどを秩序づける力）なども問われてきます。

　最後の「伝える」ということについては，コーチングがまず，スポーツのコーチングとしてスタートしたときには，これが主でした。しかしそれだけでは十分に機能しないために，ベースとしての傾聴，相手から引き出すための質問のスキルが工夫されていったと考えられています。

　コーチングのスキルとしては，この伝えるということが効果的にできれば，プロ・コーチやコンサルタントなどのプロの水準に入ったと言えます。

（4）社会人の基本としてのヒアリング・スキル

　ここで組織で仕事をすることを考えてみましょう。仕事上の関係者とよい人間関係（ラポール）を作り，相手の話をしっかり聴いて相手を受け止めることは，あらゆる立場の人にとって仕事の基盤になります。組織内では1人で自己完結する仕事はほとんどなく，相手がいたり，チームを組んで行うことが求められます。

　その中で適切なコミュニケーションを図るには，まず相手を共感的に理解する必要があります。

　そこで他者を理解するために欠かせないのがヒアリングというスキルです。コーチングを学ぶことで身につく「傾聴」と「質問」のスキルは，ヒアリングの力を高める上で極めて有効なものになるのです。

　コーチングがビジネスに取り入れられていく歴史の中では，経営幹部や管理職がコーチング・スキルを身につけることが，部下の意欲を引き出し，部下の目標達成を支援するために重要でした。今日では，まず相手の話をしっかり聴き取り相手が本当に望んでいることやその背景を知るヒアリング・スキルを身につけることが，顧客と直接向き合う営業，販売，サービスなどの職種では基本的な武器であり，効果的なビジネス・スキルとなります。それ以外の職種でも，チームで仕事をしていく中で，また他部門や仕事の前後のつながりの中で仕事をしていく上で，しっかりと相手を理解するためのヒアリング・スキルは強く求められるものとなるのです。

　それでは，次にこれらのスキルの内容をもう少し詳しく紹介していきます。

2節　コーチングの基本スキル

1．聴く（積極的傾聴：アクティブリスニング）

　「聴く」ことは，コーチング・スキルのベースとなるものです。これは，「この人はどんなことを感じているのだろうか？」「この人の語る言葉を聞いてみたい」という前提を持って「聴く」ということです。

　関心を持って聴かれることにより人は安心感を高め，言葉にすることで思考が明確になります。そして，その結果，自発的な行動を促進することができます。

　逆に，事務的に聞かれたり，批判的な態度で聞かれるとき，人は，「不安」を感じ萎縮し防衛的になります。つまり「言い訳」を考えたり，気に入られる答えを見つけようとしたり，一般論や最小限の受け答えですまそうとしたり，多くの場合，自発性からは遠ざかる結果になってしまいます。

　コーチングに限らず，一般的な積極的傾聴で言われるのは，「耳で聞かず心で聴く」「力を入れて聴く」といったことで，次の①〜④のようなことが強調されます。

　①関心を持って理解する努力をしながら聴く
　②共感を持って聴く
　③非言語的メッセージ（言外の表情など）も読み取る
　④自分からも聴いているというメッセージを送る

　コーチングではより具体的な技法があり，傾聴の前提でもあり傾聴を通じて深められる「ラポール」（信頼のある関係性）と，対話の中で相手の尊重を示し認められたいという気持ちを満たす「承認」（相手のよい点や成長した点などを言葉にして伝える）を重視しています。

　この2つは，3つの主要スキルから独立したスキルとして取り扱われていることも多くあります。このスキルが実際のコーチングの中で使われるのはまず

傾聴の場面なので，ここでは傾聴のスキルとあわせて説明しておきます。

　それでは，ここからコーチングにおける主な傾聴の技法を説明していきましょう。これらのスキルは，コーチングの場面だけでなく，ビジネスの場面で，顧客や上司・部下，仕事上の関係者などの話を聴く場合や，面接をしたり受けたりする場合にも，たいへん役に立つものです。

（1）支持する：100％受け入れる姿勢を持つ

　まず，大事なのは「聴く」ときの姿勢です。コーチとクライアントは異なる経験や考え方，感じ方を持っています。クライアントがコーチの考え方や感じ方を押しつけられていると感じると，心理的な共感は生まれません。

　「傾聴」をしているときには，自己の思考や思惑を0にして，自己と異なる相手の存在をあるがままに受け止めることが求められます。クライアントに焦点を絞り，相手が話すことに対して100％味方であるという立場をとることで，相手も自分自身を肯定的に捉えて話を進めることができるようになります。また，こういう姿勢で聴かれることで，クライアントはコーチに対する信頼感を抱き，ラポールが深まっていきます。

　普通の会話の中では，相手の話を聞きながら，相手のことを判断したり，次に自分が話すことや質問することを考えていたり，相手の話に触発された自分の考えや感情を頭の中で展開したりということが起こると思いますが，傾聴するときには，それをいったん脇に置いて，完全に意識を相手に集中します。

　「質問する」や「伝える」のフェーズに入るときには，コーチ自身の連想や内的対話を行い，状況を認識したり，自分自身の感情や感覚も働かせ，自分の無意識からのメッセージを行いますが，まずクライアント自身が自分自身をよく理解し，物事を明確化できること，コーチが正しく相手を理解できることが前提になります。

　100％受け入れる姿勢のポイントをまとめると，次の5つとなります。

　①相手のことや語られるテーマについて先入観を持たない。こういうことが言いたいのではないかなどの思いを捨て，心を白紙にする。また，こういう話の流れに持っていきたいという自分の期待や思惑も傾聴の瞬間には持ち込まない。相手の話すことに純粋に関心を持つ。

②相手が話している間，自分の評価や解釈を押さえる。

③相手が話し終わるまで口を挟まず，結論に飛びつこうとしたり，話に割って入ったりしない。相手の一連の話の最後の言葉をしっかり聴く。話をとって，自分が中心的な話し手になろうとしない。

④「そんなことはないだろう」「それはもう聞きました」「はい，はい」など否定的な言葉，相手をさえぎる言葉を使わない。「でも」「だけど」など反論するような接続詞も使わない。また，安易なアドバイスや励ましをしない（十分に相手を理解していることが伝わる前にアドバイスなどをすると，「話をしっかり聴こうとしていない」「この人には理解する気持ちがない」と感じ取られることがある）。

⑤相手の沈黙があっても，沈黙を恐れずその意味を落ち着いて観察する。相手が自分の言葉に触発されて自分の中で考えている場合もあり，そうした沈黙は大切にして，すぐに話しかけない。なお，沈黙には気乗りしない対話やテーマに対する沈黙，感情が強く言葉にならない沈黙，相手の反応を待つ沈黙などがあると言われている。

　100％受け入れる聴き方のコツは，まず，好奇心を持って聴くことです。「それからどうなったんだろう？」とか「どんな気持ちだったんだろうか？」と思いながら聴くと積極的傾聴がしやすくなります。そのときに，頭の中で，話の内容のイメージを描きながら聴き，頭の中に鮮明な画像が浮かぶようにするとさらに効果的です。

（2）全身で聴く

　まず，クライアントとアイコンタクトをとることが重要です。視線を合わせることは，相手の存在を認め，意識していることを伝える大切なメッセージになります。日本人には凝視されるのが苦手な人も多いので，相手の胸から上の全体を柔らかく見るようにして，ときどきアイコンタクトをとるというぐらいがよいとされます。

　また，アイコンタクトをとるときにもう1つ大事なことは，目線をどういう角度で合わせるかということです。目線の高さを同じにして，できれば斜め45度ぐらいの角度で向かい合って目線を合わせるのが相手の安心感を生みます。

なお，座ってコーチングする場合には，正面から向かい合うことになる場合もあります。そのままでは「対決のポジション」になりやすいので少し椅子をずらすなどして，身体が斜めに向き合うようにしたほうが，お互いにリラックスできます。

そして，相手の話を聴くときには，単に耳で聞く以上に五感や直感のすべてを使って聴きます。聴くときにエネルギーを使い，身を乗り出して聴くと，本気で話を聴こうという気持ちが相手にも伝わります。

（3）ラポールを築く

クライアントとの間で信頼関係（ラポール）があることがコーチングが機能する条件になります。お互いに誠意や好意，敬意が伝わっている状態がラポールがある状態です。反対に，敵意や警戒感，不信，軽蔑視などがあるとよいコミュニケーションは成立しません。

初対面のときは，話を聴く以前に，あいさつや自己紹介，ねぎらいの言葉などで相手の緊張を解くことも必要になります。また，笑顔と誠実さや共感などを伝える表情，服装や髪型，持っている雰囲気なども重要になります。

話が始まったら，「100％受け入れる姿勢」「全身で聴くこと」やこの後でふれる傾聴の技法などを通じてラポールを高めていくことになります。

適切な「質問」や「伝える」の初級編としての「承認する」（第2章で述べたストロークと類似した機能を持つものです）もラポールを高めるために効果があります。

また，あまりふれられることはありませんが声のトーンも重要なものです。張りのある元気な声，はっきりした滑舌は相手の安心感や信頼感を作る基盤となります。これについては第5章で改めて補足します。

（4）ペーシングする

ペーシングというのは，相手にペースを「合わせる」ということで，安心感や親密感を与えるのがこのスキルです。相手が話すスピードや声の大きさ，声のトーンに自分も合わせることで，共感していることが相手に伝わるのです。特に話し始めのペーシングが重要です。ある程度対話が進めば，自分のペースに戻ってもかまいません。

話し方以外にも，楽しそうだったり沈んでいたりといった雰囲気，丁寧だっ

たりフランクだったりする言葉づかい，表情などを相手のそれと合わせることで親密感が深まります。自然にやっている人も多いスキルですが，意識して使うことでより効果的になります。

　ただし，相手がこちらに対して怒って，声を荒らげているようなときには，ペーシングを使うとけんかになりますので，そういう場合には使いません。

（5）うなずき，あいづち

　これは，普段何気なく使っているうなずきやあいづちを意識してたくさん使うスキルです。うなずきながら，「うんうん」「ええ」「へえー」「なるほど」「そうなんですか」「たいへんでしたね」などと声をかけることで，相手の話をもっと聴きたいというメッセージが伝わります。さらに，「それから？」「もう少し詳しく聞かせて」のように相手の話を促す言葉も加えてみましょう。

（6）鏡のように反射し明確化する

①オウム返し

　「鏡のように反射し明確化する」とは，相手の言葉の重要な部分をそのまま繰り返す「オウム返し」を行ったり，相手の言葉を自分の言葉にして返す「言い換え」をしたり，長い話の内容を「要約」して伝えることです。

　オウム返しでは，例えば一連の話の中で「……実は，ちょっとした問題もあったんです」という言葉が出たときに，「問題があったんですね」や「ちょっとした問題？」と重要な単語や最後の言葉をそのまま繰り返します。そうすることで，相手の話をきちんと受け止めていることが相手に伝わります。そして，相手は関心を持って聴いてもらえるという安心感から，その詳しい内容を話しやすくなります。さらに，自分の中から出てきた言葉を他人の声でもう一度聴くことによって，自分の内面を客観的に見ることができるようになります。

②言い換え・要約

　言い換えでは，明確でない言葉や，意味をどうとってよいかあいまいな言葉を自分の言葉で言い換え，「○○のことが気にかかっているんですね」のように相手に確認をします。要約では，あちこちに飛んだ話や話している相手の感情などを要約して，「今の本当の気持ちは○○ということでしょうか」などと返します。

こうして鏡のように反射したり，言い換えや要約を続けていくと，相手は次第に（または突然に），それまで漠然としていた自分自身の思いや考えの内容がはっきりしていき，気づきや新しい行動や変革への意欲を持つことができます。

これが，コーチングの場面でなく，ビジネス上の情報収集が目的のヒアリングの場面であれば，聴き手が相手の真意を的確に把握できるということにつながります。

（7）相手の感情にも焦点を当てる

相手の言葉の背後にある本当の気持ちを聴くために，非言語的メッセージを読み取ることにも意識を向けるスキルです。人の真意は言葉以上に（言葉以外の）表情や目線などに表れることが多いからです。

特に，その変化に着目することで，相手の気持ちの変化を察知することができます。非言語的メッセージを観察するための着眼点は表3-1を参考にしてください。それぞれの現象や動きの意味するものの説明は省きますが，注意し

❶表3-1　非言語的メッセージを観察するための着眼点

着眼点	観察できる現象や動き
①動作	前後・左右の動き，腕組み，足組み，爪をかむ，指先をとんとんとする，こぶしを握る
②姿勢	前屈みになる，反り返る，斜めに構える，腰が引ける，身体を固くしている，リラックスしている
③身振り・手振り	うなずく，首を振る，強調や同意のときの手振り，手をたたく，肩をすくめる，肩をいからせる，大きな動作をする
④視線	直視する，目をそらす，上目づかいをする，視線を落とす，視線の向きを変える，目を泳がせる，目を閉じる
⑤表情	嬉しそう，悲しそう，寂しそう，怒っている，無表情，ポーカーフェイス，緊張している，興奮している
⑥声の調子	大きい／小さい，高い／低い，早口／ゆっくり，明瞭／ぼそぼそしている，うわずっている／落ち着いている
⑦ふれあい	身体的接触によるメッセージ
⑧空間／距離	距離をとる／近づく，集団の中で位置を決める
⑨生理的表出	顔が赤らむ，顔面が蒼白になる，汗をかく，こめかみの血管が浮く，ふるえる，呼吸がはやい／ゆっくり
⑩その他	服装，髪型，化粧，アクセサリー，香り，色彩，持ち物

て観察するだけでも多くのことが感じ取れるはずです。

　これらの非言語的メッセージが，言葉で語られたことと矛盾する場合をダブルメッセージと呼んでいます。多くの場合は，非言語的メッセージのほうが真実を語っています。

2．質問する

　コーチングにおいて質問をするということの目的の第 1 番目には，相手にコミュニケーションをとる意思を示す，ということがあります。相手に関心を持ち，近づきたいという意思を持って質問していくことが相手の話を活性化させます。そして，目的の第 2 番目は，相手の中からさらに深く思いや考えを引き出すことです。質問することで，相手が心の中でモヤモヤしていることがまとまったり，気づきが生まれたりすることを促すわけです。コーチングの質問はこの 2 つの点で，自分が知りたいことを知るために行う一般的な質問とは異なります。

　効果的な質問には，「相手の行動を促すものであること」「相手の視点を広げるものであること」「考えを明らかにしたり整理するためのサポートになるものであること」などの要素が必要です。

　そうしたことのために，コーチングでは質問のタイプを使い分ける技法や漠然とした相手の話を解きほぐしまとめ上げる技法を用います。

　次の（1）〜（4）は質問の種類分けに関するもの，（5）が漠然とした話を再構築するための技法です。

（1）拡大型質問（オープン・クエスチョン）と限定型質問（クローズド・クエスチョン）

　質問には，はい，いいえで答えられる質問もありますが，「この体験で何を感じましたか」といった質問は，はい，いいえでは答えられず，感じたことを自分の言葉で説明する必要が出てきます。

　このような決まった答えがないような大きな質問を「拡大型質問」（オープン・クエスチョン）と呼びます。

　コーチングでは，相手の話を引き出すことが大切なので，意識して「拡大型質問」を使っていきます。この質問は，自由に話せる，自発的になるという特

徴があるので，より多くの情報を引き出すことができます。

　一方，はい，いいえで答えられる質問のほうは，限定型質問（クローズド・クエスチョン）と呼びます。「この体験は役に立ちましたか」と聞くと，「はい」や「まあ」で答えが終了してしまいます。気楽に簡単に答えられる，イエス・ノーを明確にできるという利点もありますが，これが多すぎると，受け身的になってきますし，詰問されているような印象を持つこともあります。

　会話の導入部や結論を出すところでは限定型質問を用いながら，できるだけ拡大型質問を使うことが「引き出す」ためのスキルになります。

（2）「なぜ」と「何が」の質問

　「なぜ」という質問にはどうしても批判的ニュアンスが含まれてきます。多すぎると，「こちらが気に入る答え方」をしようとする傾向も生まれます。

　一方，「何が」の質問は，問題とその人を切り離すことを通じて，相手が冷静に振り返り，対策を明らかにすることを助けます。

　「なぜ，うまくいかなかったんでしょうか？」という質問を，「何が障害になったと思いますか？」などのように言い換えると相手から引き出せるものが変わってきます。

（3）未来型質問と過去型質問

　次に，時間軸の方向から質問を分けて捉えると，未来に向けた質問と過去を振り返る質問があります。

　相手の思いを引き出すときや過去の分析をするときには，過去型質問も重要ですが，相手の求めていることを引き出す場合や新しい行動への意欲を引き出す場合には，未来型質問のほうが効果的です。

　「どこに問題があったか」を聴くだけでなく，「次は何ができそうか」「今できることに何があるか」「どんな工夫が考えられるか」などを聴くことで，前に向いたエネルギーやアイデアが引き出されます。

（4）かたまりをほぐす（チャンク・ダウン）・まとめる（チャンク・アップ）

　コーチングでいう「チャンク」とは話したい内容の「かたまり」というほどの意味です。心理学では，短期記憶の際に1個の単位として取り扱うことのできる1つのまとまりをなしている文字列をチャンクと呼びますが，この言葉のイメージを借りた用語ということでしょう。

　人が考えや質問に対する答えをするときによくあるのは，初めからその詳細を話すより，全体をまとめた一言か二言の漠然とした言葉，つまり「かたまり」で口にすることです。

　コーチングのスタート場面で重要なのは，その「かたまり」をほぐしていくことです。例えば，「今日は何をしたい？」という質問に対し，「うーん，そうだな，ノンビリしたいな」という答えが返ってきます。この答えは，まだ1つの「かたまり」です。続けて，「ノンビリしたいって例えばどんなことをしたいの？」と「ほぐす」質問をすると，「うーん，ゆっくり寝そべって読書がしたい」という少し具体的な答えが返ってきます。そして，「どんな本？」という質問が続けられ，気分転換を図りたいのか，気になっていたことを勉強しておきたいのか，今日したいことが少しずつ明確になっていくわけです。

　一言か二言で表現された「かたまり」をほぐすことにより，相手の思考が具体化し明確になります。また，徐々に具体的にほぐしていく中で，聴き手の側も相手の感覚が共有でき，相手にも自分自身で気がついていなかったことに対する「気づき」が生まれることが期待できます。

　十分に言葉がほぐされ，具体化した後で，今度はそれをすっきりとまとめ直します。コーチがわかりやすくまとめて返す方法と，相手に「それを行うとどうなる」「最終的にどうしたい」「一言で言うと」「ここまでをまとめるとどうなりますか」などと質問することで相手自身にまとめてもらう方法があります。そうすると，「○○を読んで，明日もがんばろうという気持ちになれたらよいと思います」などと今日したいことが明確になるわけです。

　「ほぐす」と「まとめる」を繰り返していくと，相手が「考えや思い」を理路整然とした形で明らかにできるということにつながるのです。

（5）フレームを使った質問

　コーチングを行う際には，何かテーマがあります。そのテーマに対して，何を聴くか，どういう質問を投げかけるかのフレーム（準拠枠組み）をコーチ自身の中に持っていることもコーチングの効果を高める上で有用です。

　ただし，コーチングを進める中で，クライアントにとってより重要なテーマが浮かび上がることもありますから，1つのフレームに執着しすぎることはラポールを阻害したり，創造的な可能性を閉ざしたりすることにもつながるので

注意が必要です。

　現実のコーチングの場面では，よく GROW モデルというフレームが使用されます。これは，ウィットモアの『はじめのコーチング』で紹介されているもので，人が問題解決するときの思考プロセスをコーチングにあてはめたものとして，成果につながりやすいフレームです。

　GROW とは，GOAL（目標），REALITY（現状），RESOURCE（資源），OPTION（行動の選択肢），WILL（意思）の頭文字です。質問を投げかけ，伝えることも織り交ぜながら，この順番にクライアントに対して考えてもらい，自ら答えを見出してもらうことを支援するモデルになっています。

　GOAL では，相手が本当はどうなりたいのか，コーチング終了時にどうなっていたいのかを探求します。クライアントは，自分自身が本当に求めていることに気がついていない場合もあり，最初に出てきた目標が本当の目標とは限らないため，丁寧に質問を繰り返すことで本当に求めているものが表に出るようにします。

　目標を明確にするほど，目標実現のために何をすればよいかという手段の発想が豊かになり，目標実現に向けての意欲も高まっていきます。

　REALITY については，目標に向かう出発地点である今の現状を正確に認識するための質問をしていきます。現状の事実とその細部，現状をもたらしているもの，そして目標と現実の間にあるギャップなどを明らかにします。

　あわせて，その現実に対してどう感じているのかという感情も明らかにすることで，気持ちがすっきりして，未来に向けた冷静な思考ができるようになります。

　RESOURCE に関する質問の目的は，クライアントが持っている経験やスキル，人脈，才能，強み，気質などの外的・内的な資源を発見し，それをどう活用するかにつなげることです。クライアントは，通常自分が思っているよりはるかに大きなリソースを持っているのにそれを意識していないものです。ここでは詳しくふれませんが，コーチングの中では，そのリソースを様々な角度から引き出し，クライアントがその人らしいやり方でゴールを実現するために使えるリソースを探求し，さらにはそのリソースを拡大し蓄積するための要望を行います。

　OPTION の質問では，目標達成のためのアイデアをたくさん引き出すことが目的です。ブレーン・ストーミングのようにできるだけ多くの選択肢を引き出し，アイデアのリストを見て思いついたことも付け加えます。また，クライアントの持っているリソースや価値観に照らして出てきた選択肢を吟味していきます。

　最後の WILL では，選択肢の中から「最初の小さな一歩」を選ぶことがポイントになります。いきなり大きな困難な行動を選んでもらうのではなく，まずは確実に動き出せる行動を優先させることで，相手が本当に行動を起こせるようサポートします。

　「まず，何から始める？」「今週中に始められることは何？」と最初の一歩を質問して，期限を決めて，それを確認する日程まで決めます。期限を決めることで本当に行動を起こす覚悟が生まれ，進捗確認する日を決めることで，やると決めたことへのコミットメントが高まるからです。

　以上が GROW モデルのフレームの概略ですが，このモデルはコーチングの場面だけでなく，営業の商談とクロージング，プロジェクトの運営，部下との目標面談などにも幅広く応用することが可能です。

　ただし，特定の専門的テーマに関してコーチングを行う場合には，GROW モデルだけでは質問が上すべりして深まらない可能性もあります。

　ある程度の体系的知識があるときは，そのテーマについて，どんなことを質問するか，いろいろな角度から考えて，事前に質問のフレームを用意しておくこともできます。

　テーマに対する基礎的知識がない場合にはどうするか。しっかり勉強して，およその知識を身につけるという方法もありますが，プロのコーチが行う比較的簡単なフレームの作り方を 1 つ紹介しておきます。

　それは，テーマに関連する本を何冊か入手して，目次をしっかり読むという方法です。そうすると，そのテーマに関して何が重要なことなのかのおよそのフレームが手に入ります。なじみのないことがらは本文もざっと確認しながら，目次の項目やキーワードを質問に置き換えて，自分なりに答えてみると，体系的で網羅的な質問のリストが身についてきます。

　実際のコーチングで，相手の視点を拡大するためにその質問リストというフ

レームを参照すれば，自分になじみのない領域でも，相手の役に立つための質問ができるようになります。

（6）まとめと同意

コーチングによって，モヤモヤしたものが明確に整理できたり，具体的な行動の計画が生まれたときには，そのままで終わらせず，「まとめと同意」を得る質問をします。「まとめと同意」を行うことで，お互いの理解の一致を確認し，得られた成果を明瞭に記憶に残し，行動に向けた意欲を強化することになるのです。

一連の会話を踏まえて，「これからどう考えて，どう行動するか」の要点を短い言葉にまとめ，相手に確認します。「今日のセッションの話をまとめると」「最後にもう一度これからの行動を確認してもよいですか」とまとめをすることを伝えた上で，相違がないかどうか相手の同意を得ます。同意をすることで，相手は自分の意思を再確認し，行動への意欲を高めます。

コーチがまとめずに，相手にまとめてもらうことも，自分自身の言葉で宣言することになる有効な手法です。

3．伝える

コーチングの中で，「伝える」ことの目的は大きく分けて，①相手の存在を認め，相手との信頼関係や友好関係を高め，やる気を高めること，②自らをよりよく理解したり，考えを深めるための視点を提供すること，③客観的な立場から見て，こうしたらうまくいくということを伝え，行動を求めることの3段階があります。第一段階は，会話の中で自然に行う「承認」，第二段階はコーチが感じていることを伝える「フィードバック」，第三段階は，相手の成長を促す「提案・要望」のスキルになります。

（1）承認のスキル

相手を「承認する」（アクナレッジメント）というのは，日本語のニュアンスとしてはピンとこないかもしれませんが，平たく言うとよい点を認めて口にする（ほめる・ともに喜ぶ）という感じです。

コーチングでいう「承認」は「相手に現れている違いや変化」「成長や成果」にいち早く気づき，それを言葉にして相手にはっきりと伝えることです。

会話中にいいなと思ったこと，素晴らしいと思ったこと，新鮮だと感じたこ

と，がんばっているなと感じたことなどを素直に言葉に出すことが承認です。第 2 章で学んだストロークを言葉や態度で表現して，相手の生きるエネルギーを引き出し，活力ある状態を生み出すことが目的です。

そして，相手が自分でまだ発見できていないことを察知して，それを伝えることが望ましいでしょう。人は自分がやったことをはっきりと認識することにより，自分自身が成長し，変化していることを知ります。そして，そのこと自体に喜びを覚え，自己能力感が高まります。「承認」は，人のやる気や自発性を強く促すエネルギー源となります。

承認の具体例としては，次のようなものがあります。

①相手に現れている違いや変化を，はっきり伝える

　　「最近，いい表情をしてますね」

②相手の「到達点」をそのまま口にする

　　「力がついたね。たいへんな仕事をよくやりとげたね」

③自分が感じた相手に対する感情を伝える

　　「今日は本当に楽しそうですね，私も嬉しくなります」

（2）感じていることを伝える，感じたことを返す

コーチングにおいてのフィードバック（FB）では，客観性よりも，コーチの主観を素直に伝えることが求められます。コーチ自身が感じていることを伝えられたとき，相手はそこから考えを発展させることができます。

例えば，ゴルフをする人は，自分のフォームを自分で見ることはできません。他者に見えていることを伝えてもらって初めて「どうすればよいのか」という情報を手に入れることができます。

仕事やコミュニケーションの場においても，同じことが言えるでしょう。自分がどういう方向に進んでいるのか，どんな姿勢で出来事に臨んでいるのかを自問自答しても，自分ではわかりにくいものです。人が自分に対して感じていることや見えていることを「視点」「情報」として伝えてもらって初めて，自分の現実を実感し現状を変えるヒントを得ることができます。

「私には，こう感じられるけど」「私には，こう思える」という，コーチ自身

が固有に感じていることを伝えられたとき，相手はそこから考えを発展させることができます。

伝えるときの手順について，コーチングでは，次の3つを大事にしています。

①了解をとって伝える／宣言して伝える。伝える前に，相手に心の準備をしてもらうために，枕ことばを使う。

　「私が感じていることを伝えてもいいですか」

　「今の話を聞いて，感じたことがあるんだけど，今から言いますよ」

②短く伝える／1つのヒントとして伝える。受け取る準備ができたら，短く伝える。行動を促す（背中を押す）ような感想も伝える。

　「とてもいいアイデアだと思いますよ」

　「1つのヒントとして○○という考え方もあると感じたんですが」

③相手に選択をゆだねる。

　「こういう見方をどう思いますか」

（3）情報提供・提案・要望：相手を聴く気にさせる「枕ことば」

コーチングでは，基本的にクライアント自身が「気づいた」「考えた」「口にした」ことを，承認し行動変容に結びつけるようにサポートします。

しかしながら，クライアントが持っている情報や知識だけでは，目標達成のための効果的な行動が生まれないことも多いのです。

そういう場合，コーチは，自分が持っている情報を提供したり，コーチ自身が思いついたアイデアを提案したりすることが重要になってきます。これらをコーチングにおける「伝えるスキル」と呼びます。

「伝えるスキル」がよく機能するためには，まず，ラポールが十分に形成されていることが重要です。ラポール形成が不十分なまま，コーチが提案や要望を行うと，クライアントは拒否感を持ったり，心理的抵抗を示したりすることもあるのです。嫌がることを押しつけるのでは，コーチングとは言えません。

「伝えるスキル」は，大きく3つに区分されます。

1つ目は「情報提供」です。コーチがすでに知っている，あるいは前回のコーチング・セッションから今回までの間に，そのクライアントのコーチングの課

題について調べたことがらを，情報として伝えることです。そして，情報提供に入るときには，必ず「よい情報があるのですが，聴いてみたいですか」とか，「他者の成功事例を調べてみたのですが，興味はありますか」などの枕ことばを発信し，クライアントが同意したら情報提供に入ります。

　2つ目は「提案」です。コーチング・セッション中に，クライアントの話を聴きながら，コーチが思いついた，あるいは他の事例から思い出したアイデアややり方などを提案するのです。この場合も「よいアイデアを思いついたのですが，聴いてくれますか」とか，「ちょっと提案させてもらってもよいですか」と枕ことばを援用します。

　3つ目は，「要望（リクエスト）」です。リクエストとは，「〜してほしい」「〜してほしくない」とストレートに相手に要望することです。企業の上司から部下へのコーチングの場合であれば，要望は限りなく「指示・命令」に近いものになります。

　この要望を行うときコーチングでは，必ずこれから伝えることが要望であると前置きをして，相手に受け入れるかどうかの選択権があることを示します。

　要望するということは，「〜してほしいんです」と，クライアントにはっきりと伝えることです。提案をすることとも，「こうしなさい」と指示することとも違います。了解をとって伝えること，相手に受け入れるかどうかの選択権をゆだねることがポイントです。

　要望が受け入れられない場合には潔く引き下がり，要望が受け入れられた場合，一部が受け入れられた場合には，その行動の結果を確認する場を設定しておくとさらに効果が高まります。

　「〜してほしい」と相手に要望することは，人の成長という観点からも大きな意味を持っています。人は要望を受けることにより，自分の今まで考えていた自己像以上のことをするという体験を持ちます。そして，これまで経験したことのない行動をとり，大きく成長する可能性が生まれます。

　要望はスキルというより，「するか」「しないか」のみです。要望には，予測できない相手の感情を引き起こす可能性が含まれています。そして，要望しないというのは，相手の怒りに対する防衛反応であると言うこともできるわけです。

ここで，覚えておいてよいことは，「怒り」というものは，生理学的には20分以上続くことはないようだということです。つまり相手が怒ったとしても，慌てず，その怒りが静まってから対処するという認識があれば，ストレートな要望をする助けとなります。

　過剰な前置きをやめ，要望するという行為に飛び込む「勇気」と，その結果起こりうる現象に対する認識とが，要望をサポートします。

　「情報提供」「提案」「要望（リクエスト）」，いずれの場合もコーチからクライアントに「伝える」場面では，相手に聴き耳を立てさせるための「枕ことば」がとても重要なスキルと言えます。「枕ことば」を使って，クライアントとの間に，TAにおける「A⇔A」の契約関係を成立させることで，クライアントはコーチが「伝えた」ことを，冷静に受け止め，実行するようになるのです。

3節　カウンセリングとコーチングの共通点

　コーチングは臨床心理学のカウンセリング（対人援助）の技法を基盤に発展してきたものです。そのため，コーチングにはカウンセリングの共感的理解の考え方や様々な技法が使われています（もちろん，カウンセリングのほうが，技法は多岐にわたります）。カウンセリングをしっかり勉強した人は，コーチングにスムーズに入っていくことができるはずです。

　なお，ファシリテーションの領域では，グループカウンセリングの技法が使われていますが，ここでもロジャーズの考え方が大きな影響を与えています。組織開発の歴史をみると，そこではほとんど心理学系の技法が使われているのです。

　さて，ここでカウンセリングにおける対人支援のあり方，共感的理解の仕方を振り返り，コーチングの考え方やスキルとの関連を見ておきましょう。

　1節でもふれたロジャーズのパーソン・センタード・アプローチでは，6つの条件が整えば，個人は自己実現の能力を生かし，自らの力で問題解決できるとされています。また，これはカウンセリングの場面だけでなく，一般的にあてはまるとされています。そこで強調されているのは，コーチングでも重視される共感的理解です。

1．ロジャーズの6つの条件とコーチング

　ロジャーズがあげた建設的なパーソナリティ変化が起こるための6つの条件をコーチングの枠組みと対比すると，次のようになります。

①2人の人が心理的接触を持っていること
　　クライアントがセラピストと自分の違いを認めた上で，意思疎通ができることが第一の基礎的条件とされます。コーチングでも「人は違う」という基本認識が相手を理解するための基盤として強調されます。自分の考え方や感じ方などの先入観を取り払わなければ，共感的理解はできないからです。
②クライアントは不一致の状態にあり，傷つきやすく不安な状態にあること
　　クライアントは現実の経験と自己像が一致せず，自分への落胆などの否定的感情や漠然とした不安を感じるというのが第二の条件です。これは，健康な人を扱うコーチングではあまり強調されません。
③セラピストは，セラピーの瞬間にありのままの自分であること
　　クライアントに対する自分の感情や気づきを否定しないことは，コーチングでも同じです。
④セラピストは，クライアントに対して，無条件の肯定的配慮を行うこと
　　セラピストは，クライアントの経験しているあらゆる局面をそのクライアントの一部として温かく受容し，是認や否認，判断を行う気持ちを持たず，クライアントを1人の人間として好きであるということが第四の条件です。これはコーチングのクライアントを100％受け入れる姿勢と符合する条件となっています。
⑤セラピストは，クライアントの内的な関連づけの枠組み（フレーム・オブ・リファレンス）を共感的に理解しており，それをクライアントに伝えようと努めていること
　　第五の条件は，セラピストは，相手の感情や気分，話の内容を自分自身のものであるかのように感じながら，それに巻き込まれて同情したり喜怒哀楽を感じたりすることなく感じ取り，共感的に理解した内容にぴったり

と合う言葉を見つけてクライアントの自己理解を促進するというものです。これもコーチングのスキルで見てきた内容と重なります。

⑥セラピストの共感的理解と無条件の肯定的配慮が最低限クライアントに伝わっていること

　　これはコーチングで強調されるラポールの考え方と共通しています。

2．マイクロカウンセリングの技法

　次に，クライアントを共感的に理解するための具体的な面接技法として，A.アイビィのマイクロカウンセリングにおける，マイクロ技法（細分化された技法）を簡単に紹介しておきます。これらコミュニケーションを円滑にするための技法が，どれもコーチングのスキルにもそのまま応用されていることがわかると思います。

（1）かかわり行動の技法
クライアントの話を聴くために基本的なかかわり行動をとります。

①視線を合わせる
　　話をしているクライアントに視線を合わせることにより，クライアントが話している内容に関心を持っていることを伝える。
②身体言語（ボディランゲージ）にも気を配る
　　上体を前に少し傾けることで話への関心を示すことや，眉をひそめることは緊張を表すなどの身体言語に対し関心を払う。カウンセラー側でも相手に与えるメッセージに配慮し，クライアントの身体言語を読み取る。
③声のトーンなども重視する
　　話すスピード，声の大きさ，声のトーンの変化からもクライアントの感情状態を読み取る。
④言語的追跡を行う
　　クライアントの言っていることに自然に応答し，カウンセラー側からテーマと関係ない新しい話題を持ち出さない。

（2）質問の技法

　拡大型質問（オープン・クエスチョン）と限定型質問（クローズド・クエスチョン）を使い分けます。「今の気分を話してください」など相手がテーマについて自由に答えられる質問をオープン・クエスチョンと呼び，話を始めるときや詳しく話を聴きたいときに使います。オープン・クエスチョンを用いると，相手は自分の感情や考えに注意を向けることができるので自分自身を理解することに役立ちます。

　一方，「はい」「いいえ」で答えられる質問の仕方をクローズド・クエスチョンと呼び，面接が進んだ段階で確認したいことがあるときなどに用います。

（3）促しと明確化の技法

　カウンセラーが聴いていることを伝え，話し続けることを促す技法です。

①うなずき，あいづちなど最小限の励ましの技法

　　うなずき，姿勢，表情などの非言語的なメッセージや，「ええ」「それで」「それから」など声に出してあいづちを打ち，話を促す。

②繰り返しの技法，言い換えの技法による励ましと明確化

　　クライアントの言葉を正確に繰り返すことによって言語的な励ましを行う。カウンセラーがクライアントの言ったことを，理解しようとしているというメッセージとして用いる。繰り返された言葉に対して，クライアントがさらに話をしてくれるため，相手が言いたいことが明確になっていく効果が期待できる。

　　単純な繰り返しを多用しすぎると，クライアント側がうんざりするなど違和感が出るので，クライアントの言ったことを正しく言い換えて伝える「言い換えの技法」も併用する。

　　クライアントが特に言いたい重要なことに関して，的確な言い換えがなされると，クライアントは自分の言いたいことが明確化され，より深く理解されたという意識を持ち，さらに話を続ける意欲が高まる。

③要約の技法

　　クライアントの話の流れの中の重要な部分を的確に要約して返すことで，クライアントが自分の考えをまとめるのを助け，同時にカウンセラーの理

解を確認し理解の誤りがあればそれを修正する技法。話の内容の要約だけでなく，話全体で表現されたクライアントの感情を要約することもある。特に，クライアントの話が長くなり混乱したときや脇道にそれたときに有効。

（4）感情の反映の技法

クライアントを共感的に理解するために，クライアントの感情も理解する技法です。話された内容や非言語的メッセージから，クライアントの表現する感情の状態に気づき，それを伝えることでクライアントの本当の感情の状態を捉えます。

（5）積極技法，対決技法

（1）～（4）の技法では不十分な場合に，カウンセラーが，自分の解釈を伝えたり，自己開示を行ったり，具体的な行動の指示を行ったりする積極的技法や，クライアントの話の中の矛盾点などを見出し，クライアントに吟味させる対決技法を用います。

4節　他者（クライアント）理解にはTA理論の　　エゴグラムを援用する

1．エゴグラム他者診断「直感型エゴグラム」

第2章で紹介した，E. バーンのTA理論は心理療法の体系です。その中で，エゴグラムを使った自我状態モデルの診断には，質問紙によるものとJ. デュセイの考案した棒グラフ型のものがあることを紹介しました。

この棒グラフ型のエゴグラムは，直感型エゴグラムと呼ばれています。

コーチングにおいても，クライアントのパーソナリティ特性を分析・理解しておくことは非常に重要です。筆者は，企業の経営者や管理職に対して，多くのエグゼクティブ・コーチングを実施してきましたが，直感型エゴグラムを援用することで，多くの成果を生み出してきました。

コーチング・セッションの中で，「部下や他者に対するときに，どちらかというと厳しいほうですか？　それとも，甘いほうですか？」とか，「数値化す

るなど，常に冷静に分析するほうですか？」あるいは「ほめられると素直に嬉しいタイプですか？」などと質問することで，かなりの精度でクライアントのエゴグラムは明確化できます。

　そのクライアントから観察された言動の癖と，先の質問から総合的に判断し，直感型エゴグラム（図 3-2）を作成しています。

2．タイプ別コーチング（関わり方）のコツ

　直感型エゴグラム（図 3-2）を援用することで，クライアントのパーソナリティ特性が把握できたとすると，その特性に合わせてコーチングすることができるようになります。

（1）CP（批判的親）優位型へのコーチング

　CP の高いクライアントは，責任感が強く，厳格であることを好みます。一言で言うと「ガンコもの」ということになります。コミュニケーション上の第一印象には「怖い」が含まれることも多いのが特徴です。せっかちな人が多い

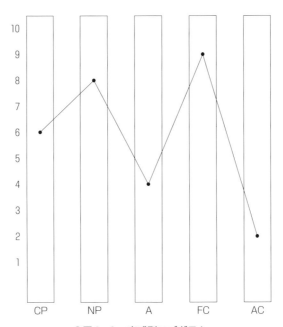

●図 3-2　直感型エゴグラム

ので，コーチングではクイックレスポンスを心がけましょう。

　また，正確な情報を的確に提供することが，クライアントからコーチへの信頼感を高めてくれます。意思決定は，自分で行いたいタイプですので，要望（リクエスト）は避けるようにします。

（2）NP（養育的親）優位型へのコーチング

　NPの高いクライアントは，思いやりがあり受容的です。感謝されると，モチベーションがあがるタイプですので，コーチは，セッション中やフォロー時には，「ありがとうございます」を多用することが必要です。

　コーチからの提案も，受け入れてくれることが多いのですが，それが行動には結びつかないこともありますので，セッションの最後には，次回までに実行することを，確実におさらいする必要があります。「ちょっと相談してもよいですか……」のようなアプローチが有効です。

（3）A（成人）優位型へのコーチング

　Aの高いクライアントは，常に，現実的で冷静です。客観性を重視しますので，コーチから情報提供する場合などは，数値や資料の出典を明示することが，信頼感を高めます。

　「今回の行動成果は，100点満点で何点ぐらいですか？　またその理由は……」というような質問が効果的に機能します。

（4）FC（自由な子ども）優位型へのコーチング

　明朗快活で創造性が高く，時によっては自由奔放ととられることがあるタイプです。コーチング中も，話題があちこちに飛んだり，脱線したりすることも多くなります。

　基本的には，クライアントのアイデアや発想に，共感し承認することで，コーチングはよく機能しますが，時には「ちょっと話題を整理してみましょう」などと，立ち止まって考えることを提案する必要があるかもしれません。

（5）AC（順応した子ども）優位型へのコーチング

　遠慮がちであり，自己主張が少なく，相手の意見に合わせようとします。

　ACは常に相手が「敵か，味方か」を探っています。ですから，コーチングの初期の段階で，「何かあっても私は，あなた（クライアント）の味方です」と宣言しておくことが，心理的安心を形成するのに有効です。「ありがとうご

ざいます」の多用は，AC の高いクライアントにも効果的です。

5節　コーチングの練習法

1．コーチングを身につけるための4つのステップ

　コーチングを身につけるためには，意識して練習しなければなりません。スキルとしてのコーチングが本当に身につくようになるまでには，表3-2の4つのステップ（段階）を踏む必要があります。

　最終的には，「身についている。意識しないでできる」という，ステップ4を目指しますが，一気にそういう状態にはなりません。人間は，それぞれの人生の中で自分のコミュニケーションの型（パターン）を，無意識に身につけてきています。コーチングを身につけるということは，その自分の無意識のパターンを，新しいコミュニケーションの方法に置き換えることになります。

　まずは，ステップ1「知らない。知らないからできない」というところからスタートして，ステップ2「知っているが，できない。やろうとしない」，ステップ3「知っている。意識すればできる」を経て，ステップ4「身についている。意識しないでできる」に到達することになります。

　本書をここまで読んだ読者の皆さんは，ステップ2の状態と仮定できます。ここから，ステップ3に進むことにしましょう。

◐表3-2　コーチングの4つのステップ

ステップ4	身についている。意識しないでできる。
ステップ3	知っている。意識すればできる。
ステップ2	知っているが，できない。やろうとしない。
ステップ1	知らない。知らないからできない。

2．対面でコーチングを練習する

　コーチングを練習するためには，誰かにお願いしてクライアントになってもらう必要があります。ご家族，友人，先輩，後輩，仕事の同僚など，誰でもよいので，「コーチングを勉強しているので，練習のためにクライアント役をお願いします」と声をかけます。

　1回のコーチングの練習セッションは，30分程度をお勧めします。プロのコーチのコーチング・セッションは，1回当たり，おおむね1時間程度です。練習ですので，その半分を目安にして練習し，クライアント役には，引き続き協力してもらって，30分程度で振り返りを行います。

　コーチングのスキルは，前述したように大きく「聴く・承認する」「質問する」「伝える」の3つです。これらを一度に練習しようとするのは，非効果的です。まずは，土台となる「聴く・承認する」を練習します。

　クライアント役には「今日は，聴く・承認するスキルの練習相手をお願いします」と宣言して，練習を始めましょう。

3．ヒアリング・シートを用意しておく

　積極的傾聴を相手に印象づけるには，ヒアリング・シートを用意して，クライアント役の発言をメモすることが効果的です。ただし，メモ用紙ばかりに，コーチであるあなたの視線がいってしまわないように注意する必要があります。表3-3のヒアリング・シートの例を参考にしてください。

4．録音・録画を活用する

　コーチングのスキルアップのためには，クライアント役の了解をとって，そのセッションを録音・録画することが役に立ちます。クライアント役からのフィードバック・コメントを意識しながら，録音・録画を再生することで，自分のスキル上の課題が明確になり改善のヒントが得られます。

　録音・録画には，ボイスレコーダーやビデオカメラを使用するのが一般的ですが，自分のスマートフォンでもかまいませんので，練習セッションでは必ず録音・録画を忘れないようにしましょう。オンラインでの練習の場合は，その

●表3-3　ヒアリング・シート（コーチング・メモ）の例

日　時	年　　月　　日　　時　　分～　　時　　分
場　所	
クライアント	□家族　□友人　□同僚　□その他
練習するスキル	□傾聴・承認　□質問　□伝える　□ GROW モデル
コーチングのテーマ	□日常生活の改善　　　□仕事上の問題解決 □家族との関係改善　　□キャリアに関することがら □その他（　　　　　　　　　　　　　　　）
※メモ	
振り返り ※クライアントからの 　フィードバック	①コーチング・スキルについて（話しやすかったか？） 話しやすかった　5　4　3　2　1　話しにくかった ※クライアントのコメント ②問題解決（話してスッキリしたか） スッキリした　5　4　3　2　1　モヤモヤした ※クライアントのコメント

システムの録画機能を活用することで，有効な振り返りを行うことができます。

5．オンラインでのコーチング練習

　T. レナードによって創始された現代のコーチングは，電話でのセッションを中心に発達しました。電話を使用することで，移動時間や，場所の確保などを気にせず，コーチングが行えるからです。

　また，電話でのコーチングでは，コーチはクライアントの声のトーンなどに焦点を当てながらクライアントの発言を聴くことで，その裏側にある本当の感

情に気づこうとします。対面でのセッションよりもむしろ，電話のほうが繊細な感情の変化を聴き取りやすいのです。

2019年に発生した新型コロナウイルス感染症（COVID-19）は，日本人の働き方に大きな影響を与えました。在宅での働き方が普及し，オンラインでの商談や打ち合わせ，会議などが仕事や生活の一部となりました。

筆者も大学でのコーチングの授業を，オンラインで実施するようになりました。もちろんコーチング実習も，オンラインのシステム上で実施しています。オンライン授業では，練習相手と2人だけの小ルームをいくつも設定し，学生たちはペアでの練習セッションをその中で，相互に行います。

学生たちからは，「集中できてよい」「クライアントからのフィードバックで，大きくうなずいているのがわかって話しやすかったと言われた」など，オンラインでの練習は効果的との声があがっています。

前述したように，オンライン・システムの録画機能を活用することで，効果的な振り返りが行えますので，積極的なオンラインでのコーチングの活用をお勧めいたします。

コラム：COVID-19が変えた「在宅ワーク」

　2019年からの新型コロナウイルス感染症（COVID-19）は，2022年現在も社会に大きな影響を与えています。2020年の4月には，緊急事態宣言を受けて，多くの学校が臨時休業措置をとりました。また，授業をオンラインでも行う体制などの見直しがなされています。企業に対しても日本政府は，在宅勤務率70％を推奨し，多くのデスクワークはテレワーク化されました。

　これまでも「これだけオンライン化・デジタル化が進んでいるのだから，地方在住でも東京本社の仕事はこなせる」といったような議論はされてはいましたが，現実にそういった形の働き方は，一部のクリエイティブ職種だけに限られていました。

　しかし，COVID-19は，それを一変させました。筆者が社長をしている会社でも，在宅率は60％を超えています。出社するのは，週2日以内というルールで，結果的に仕事はできています。

　しかしながら，コミュニケーションの量的・質的不足によって，不安感，不信感，孤独感が発生しメンタル不調に陥ったり，インフォーマルな親近感形成が行えないためエンゲージメントが形成されないなど，いろいろな問題も発生しています。

　在宅勤務者へのコーチングや，オンライン会議を活性化させるためのファシリテーションなどが，ますます必要な時代になっているのだろうと思われます。

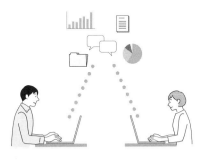

第4章

ファシリテーションによる
集団への働きかけ
～集団の関係性を高め，問題解決にあたるスキル～

1節　ファシリテーションの概要

1．ファシリテーションとは

　「ファシリテーション」というのは耳慣れない言葉かとも思います。言葉の意味としては，「容易にする，促進（助長）する」などを意味する facilitate を集団に対して行うことを指します。それを行う人を「ファシリテータ」と呼びます。

　今日，企業や公的組織では「ファシリテータ」という役割が，新しいリーダーシップのあり方として注目されています。ファシリテータに求められているのは，チーム運営における活性化や問題解決，改革を促進する「ファシリテーション」のスキルです。ファシリテーションとは，「集団に働きかけて，集団内の目的に向けた知的相互作用を促進し，成果をあげる活動」と定義できます。

（1）ファシリテーションの特徴

　集団内の知的相互作用を促進するための手法として，ファシリテーションの持つ大きな特徴は，グループが取り扱うテーマの内容ではなく，そのテーマをめぐるグループ内のコミュニケーションの過程に着目し，そこに働きかけることにあります。グループが取り組むテーマを「コンテント」といい，コミュニ

ケーションの過程を「プロセス」と呼びますが，この2つを明確に区別すると
ころから，ファシリテーションが始まります。

そしてファシリテーションはその発祥が心理学の流れをくむものであり，グ
ループ内コミュニケーションの「プロセス」に働きかけるため，その手法には
心理学で生み出された概念や知見が多く含まれています。その中には，すでに
コーチングで学んだスキルを，個人ではなくグループに適用することで成果を
あげるものもあります。

（2）ビジネスでは主として会議進行スキル

今日ビジネスで使われるファシリテーションは，心理学の応用分野であり，
すべてが心理学の知見を生かしたスキルというわけではなく，なんらかの課題
の達成や問題解決を行うときに求められる実務的・実践的なノウハウも多く含
まれています。ですから，この章の後半からは心理学の勉強という感覚を少し
離れて，組織に入って「心理学も生かして」成果をあげられる人間になるには，
という視点で学習してもらえればと思います。

なお，このファシリテーションの機能が目に見えて現れるのが会議の場面で
あるため，ファシリテーションとは，「対立しがちで合意形成や相互理解がう
まくいかないことが多い会議の効果的・効率的運営をするスキルを指すもの」
と定義されていることもあります。より高度なファシリテーションについても，
実施上のスキルとしては会議で効果をあげるためのスキルがベースになると理
解しておいても差し支えありません。

2．ファシリテーションの歴史

（1）ファシリテーション概念の誕生

人の集団の心理と行動に対する働きかけとしての「ファシリテーション」と
いう概念は，もともとは教育関係の用語として登場しました。1940年代，第二
次世界大戦後に，K.レヴィンを中心とする心理学者（行動科学者）たちは，グ
ループ・ダイナミクスという小集団の心理学の領域を開拓しました。彼らが生
み出した教育手法に「ラボラトリー・トレーニング」という考え方があります。
この手法の発展の中で生まれたのが「ファシリテーション」の概念なのです。

「ラボラトリー・トレーニング」とは，「グループ・ワークを通じた人間関係

についての教育では，『今，ここ』で起こっている体験を素材に用いた学習が，一般化された知識の講義よりもはるかに有意義である」という発見に基づく手法です。

「ラボラトリー（実験室）・トレーニング」はさらに発展して，コミュニケーション能力の開発やリーダーシップのトレーニング，組織開発など，様々な領域で応用されるようになりました。ここでいう「実験室」とは，「自分で試みる場」という意味で使われています。

ラボラトリー・トレーニングにおいては，知識を獲得することや正解を得ることが目的ではなく，「今，ここ」での自分の体験を他者とのコミュニケーションの中で検討することから「気づき」や「成長」を生み出すことに主眼が置かれました。

そのため，ラボラトリーにおけるトレーニング・スタッフの役割は，一方通行の講義を行ったり，訓練をしたりすることではなく，「参加者の体験を通じた学習を援助すること」になります。そこで行われることは，知識の伝達やトレーニングの指導ではなく，参加者の相互交流を通じた気づきや学びのプロセスに働きかけ，それを促進することになります。そこで，いわゆるトレーナーとの違いを明確にするために，トレーニング・スタッフを「ファシリテータ」と呼ぶようになり，その人が行う参加者への支援が「ファシリテーション」と呼ばれるようになったのです。

ラボラトリー・トレーニングにおけるファシリテーションというアプローチは，その後，様々な分野に影響を与えました。

1960 年代には，ベトナム戦争の影響でアメリカ西海岸を中心に「集団カウンセリング」「集団心理療法（セラピー）」が発達します。C. ロジャーズのグループでは，エンカウンター・グループと呼ばれる集団カウンセリングのリーダーをファシリテータと位置づけました。ここでのファシリテータは，「カウンセリング・リーダーの役割」を持ちます。

ほぼ同時期に，アメリカのコミュニティ・デベロップメント・センターを中心に，地域社会／コミュニティの問題を話し合うために「ワークショップ」（研究集会＝参加者に自主的に活動させる方式の講習会）が展開されるようになり，その進行役をファシリテータと呼ぶようになりました。コミュニティの問題を

話し合う中でのファシリテータは「コーディネーター」に近い役割を持ちます。この流れは市民参加型のまちづくり活動にも受け継がれてきています。

　そして筆者自身が関わってきたのが，ビジネス／コンサルティング系のファシリテーションです。アメリカ東部では，体験学習の考え方がビジネス・コンサルタントたちに影響を与え，クライアント（顧客）の成長や学習を支援する「ファシリテータ型コンサルティング」が生まれました。ビジネス系のファシリテータの役割は「コンサルタント」としての役割に近いものになります。

　この3つの流れの中で，2番目，3番目の流れは実務的なもので，開祖や学派などは存在していません。同じ目的を持った多様な取り組みが総称してファシリテーションと呼ばれているわけです。

　本章のスキル編では，コミュニケーションの視点から，筆者が用いているファシリテーションの技法を中心に整理していきます。

（2）ファシリテーションの源流としてのグループ・ワーク

　ファシリテーションの歴史については，すでに簡単にふれましたが，ここでは現在のファシリテーションにつながる心理学分野での主な取り組みについて，もう少し詳しく紹介しておきたいと思います。

　レヴィンらの生み出したラボラトリー・トレーニングはいきなり登場したわけではありませんでした。それには前史があります。集中的なグループ経験を通じて，心理と行動の問題を扱うことに先鞭をつけた試みには，主なものとして3つのものがありました。

　1つ目はJ. L. モレノのサイコドラマ（心理劇）です。その起源は，1910年頃，社会問題に関心が強かった学生のモレノが「ウィーンの森のティーパーティー」というものを開き，ウィーンの森にいた安い街娼を集めて，皆に人生を語らせることで，魂の浄化を求めたことに始まります。

　モレノが集団で語り合うことを治療に用いることができるという発想を得たきっかけになったのは，モレノが当時打ち込んでいた演劇でした。1920年頃，主催する前衛演劇の主演女優の夫から家庭内での妻の行動の問題について相談を受けて，その女優にヒステリックにわめきたてる娼婦の役を演じさせたことで，私生活でも劇的な行動の改善が起こったのです。

　集団の前で自らの抱える問題を演じることが，治癒につながると確信を得た

モレノは，その後もサイコドラマやソシオメトリーを使った集団療法の研究と実践を行いました。

　サイコドラマの内容は，グループという舞台で，現実の生活での体験を自分が演じたり，役割を交換して相手になりきって演じるというものでした。お互いが役割を演じる過程で，気づきや共感が生まれ，カタルシスを得る，気持ちが救われ行動が変わるという点で，今日のファシリテーションや，教育研修場面でのロール・プレイングなどのグループ・ワークにつながるものとなっています。なお，サイコドラマの手法は今日でも使われています。

　源流の2つ目は，道徳再武装（Moral Re-Armament：MRA）です。

　1920年代にF. バックマンという牧師が，ケンブリッジ・オックスフォードの学生のグループを組織して始めた活動で，当初はオックスフォード・グループと呼ばれ，1938年に道徳再武装という命名がなされたものです。

　この運動では，初期の活動として学生グループに対して，学生の感じている宗教的な罪悪感からの解放のためのグループ・ワークが行われました。その内容は，グループ内で学生がお互いの罪悪感を語り合うことで，仲間意識を作り，罪悪感を解消するというものでした。相互にファースト・ネームで呼び合うなど，グループの親密感を高めるための取り組みも行われたようです。

　その後もMRAは世界中に展開され，4つの絶対標準，「絶対正直」「絶対純潔」「絶対無私」「絶対愛」の考え方に基づき，その後，名称の変更はありましたが今日も続いています。

　3つ目は，AA（Alcoholics Anonymous）同盟という断酒のための組織で，酒で身を持ち崩した人を対象として，相互の告白によって仲間同士の親密感，支持を得て治癒に結びつけようとしたものです。なお，この運動を始めたB. ウィルソンらは，オックスフォード・グループと医学的治療を組み合わせてアルコール依存を克服した経験を持っていました。この運動はオハイオ州で1935年に始まり，現在，世界中でミーティングが行われています。目的が治癒にありましたので，これから扱うグループ・ワークとは性格が違いますが，ミーティングで思いや経験を分かち合うその手法には相通じるものがありました。

　こうした試みの流れは，差別や民族対立，アルコール中毒など社会的な問題解決のための社会教育の世界で活用され続け，学校や教会，差別する人とされ

る人の互恵的な関係づくりなどで実践されてきました。

（3）今日のファシリテーションにつながるグループ・ワークの誕生

　今日のファシリテーションにつながるグループ・ワークは，アメリカ東部の
コネティカット州でなされた発見をその起源としています。のちにロジャーズ
が「おそらく今世紀における最も意義ある社会的な革新」と呼んだほどの新し
い学習方式につながりました。

　1946年，マサチューセッツ工科大学（MIT）のゲシュタルト派の心理学者
でグループ・ダイナミクス研究所の所長でもあったK.レヴィン（ドイツから
アメリカに逃れたユダヤ人でもありました）は，州の人種問題処理委員会から，
人種間の関係改善を図るトレーニング・ワークショップを依頼されました。そ
のとき，ワークショップの日の夜にはトレーナーによるトレーニング過程や参
加者の行動の振り返りが行われたのですが，あるとき一部の参加者が，そこに
もオブザーバーとして参加しました。すると，話題となった参加者が討議に介
入して発言したことで，通常以上に充実した分析が行われたのです。

　翌日からは，参加者は単なるオブザーバーではなくなり，トレーナー，研究
員，参加者によるディスカッションとなりました。そこで発見されたことは，
第一に，参加者が当日の自分の行動に対して受けるフィードバックによって，
その日のプログラムから学ぶ以上のことを学んでいること，そして第二に，参
加者が，自分の行動が他者にどういう影響を与えているか，自分の行動に対し
て高い感受性を持つように変化したということでした。

　この発見に基づいて，レヴィンの死後の1947年，討議内容よりも討議そのも
のを目的とした集中的グループ経験の場が持たれるようになり，当初は，「グ
ループ開発実験室」（Laboratory for Group Development）と呼ばれました。

　その後，1949年には，L.ブラッドフォードらによって「Tグループ」（トレー
ニング・グループ）と名付けられたこの体験学習の手法は，ナショナル・トレー
ニング・ラボラトリー（NTL）の主催で，まず，企業のトップ層を対象とし
た人間関係スキルのラボラトリー・トレーニングとして展開され，のちに他の
階層や他の分野にも広げられました。そこでのねらいは，参加者に，他人との
相互作用やグループ・プロセスを観察することを教え，参加者が対人関係をう
まく処理できるようになることでした。その結果，Tグループでは，参加者が

お互いに信頼と配慮を育むなどの深い個人的経験を持つことが多いということがわかり，1950年代，1960年代に広く行われるようになったのです。

　企業内での組織的展開については，当時のエッソ（のちにエクソン）がマネジャーに参画的志向性を持たせるようにするため，3日間のラボラトリー・トレーニングを実施した例や，ユニオン・カーバイト社がチームづくりに活用した事例などが初期のものでした。その後，コンサルタントたちもTグループやその別名である感受性訓練を活用するようになり，産業界でのこうした活動は，組織開発と名付けられて展開していきます。グループを通じたワークの関係性を高める部分が組織に向かって生まれた組織開発（Organizational Developement: OD）から，現在のビジネス分野などで使われるファシリテーションが発展していくことになります。現在のファシリテーションでは，組織開発で生み出された手法が数多く使われています。

　なお，次にふれるように自らもグループ・ワークに取り組んだロジャーズは，企業における集中的グループ経験の最も創造的使用の例として，TRW社（アポロ計画にも関係した巨大企業）の合併に伴う心理的問題の解決を紹介しています（先のエッソ出身者が大学に移り，同社のコンサルテーションをしていました）。

　短い記述でファシリテーションの効果がよくイメージできるので，次に引用しておきます。

　「両者が深く懸念している種々の関心事を引き出したところで，（TRW社に雇われた）ファシリテータが両グループを集め，これまで出された問題をそのまま黒板に書き上げた。彼らがお互いを信頼するようになるにつれて，本当に問題になっていることがだんだん明らさまに探求されていった。この過程は，よく起こりがちな懸念に対する偽った理由をすべて出し抜いて進んでいった。率直な意見交換・よりよいコミュニケーション・いわれのない恐怖心の消失が起こり，残されたのは分別ある解決に任せなければならない妥当で合理的問題点だけだった」

　　(Rogers, C. (1970). *A way of being.* 畠瀬直子（訳）(2007). 人間尊重の心理学—わが人生と思想を語る　創元社　pp.192-193.)

（4）ロジャーズによるファシリテータ概念の強調

　さて，レヴィンとほぼ同時期にC.ロジャーズも集中的グループ経験の方法を試みています。1946年から1947年，シカゴ大学のカウンセリングセンターにいたロジャーズは，復員局からの依頼で，同僚とともに，最低限の条件として修士号を持った人を，復員軍人の問題を処理する有能なカウンセラーにするための，短期の集中的トレーニングコースを実施しました。

　そこでは，受講者が自己をよりよく理解し，自分の態度に気づくことができるような一日数時間の集中的グループ経験が試され，結果として参加者にとって，セラピー的な価値が生まれ，その結果，養成グループは成功を収めました。しかし，そのときには，このグループ経験のアプローチを広めることは行いませんでした。

　Tグループや感受性訓練などの体験学習の広範な展開を受け，ロジャーズは1960年代の半ばからは来談者中心療法の個人セラピーから，シカゴ・グループでの経験を生かしたアプローチをとる，エンカウンター・グループと名付けたグループ経験による一般人の成長の研究と促進に活動の中心を移しました。

　このエンカウンター・グループ（またはベーシック・エンカウンター・グループ）は，「経験の過程を通して，個人の成長，個人間のコミュニケーションおよび対人関係の発展と改善の促進を強調する」もので，そのグループにおけるリーダーに代わる立場として，ファシリテータの重要性を強調しました。

　ロジャーズによれば，レヴィンらの人間関係技法の訓練に焦点を当てた技法とロジャーズらの経験的で治療的，成長的なものを志向するグループが結びついたものが，1960年代に盛んになっていった集中的グループ経験につながっていったとされています。そして，ロジャーズは様々な形で行われていたグループ経験を総称してエンカウンター・グループと呼んでいます。

　ロジャーズは，エンカウンター・グループにおける個人の成長は，「訓練」することはできないと言い，多くのグループのファシリテータがトレーナーと呼ばれているのは最も不幸なことだと思う，とも述べています。

　ロジャーズが持っていた「確信」は，「グループはグループの潜在力とメンバーの潜在力を発展させる促進的な風土を自らもって」おり，それは，個人の心理治療の過程で「個人に指示を与えるより，促進的である時のほうが個人を信頼

するようになるのと全く同じである」というものでした。そして，グループの
プロセスを特定の目標に向けていける，または向けていくべきだと考えるのは
いきすぎであるとしています。

　ファシリテータが訓練者的な行動をとるほど，エンカウンター・グループに
は適さないという哲学は，ロジャーズが関わった人間研究センターのラホイア・
プログラムというファシリテータ育成のプロジェクトにも生かされていきます。

　なお，ロジャーズが，エンカウンター・グループが背景として共通に持つと
考えていた実践上の仮説には，次のようなものがありました。

　・ファシリテータはグループの中で，自由な表現と防衛の減少が徐々に起こ
　　るような心理的雰囲気を発展させることができる。
　・そのような心理的風土の中では，自由な感情の表現がなされる傾向があり，
　　個々人は相互に耳を傾け合い，お互いから学び取ることができるようにな
　　る。真実の感情を表現する自由から相互信頼の風土が生まれる。
　・自由が拡大され，コミュニケーションが改善されると，新しい考え，概念，
　　方向づけが起こってきて，革新は恐ろしい可能性ではなく，望ましいもの
　　となる。

（5）日本におけるラボラトリー・トレーニングの展開

　最初にラボラトリーの考え方を日本に紹介したのは立教大学キリスト教教育
研究所の柳原光で，NTL で T グループを体験し，NTL のマニュアルを翻訳
して社会教育活動に活用しました。その他にも，南山大学や九州大学，産業能
率短期大学などのグループも積極的に紹介や研究，普及の活動を行っていました。

　T グループを本格的にビジネスの世界に生かそうとしたのが，ビジネスコン
サルティングというコンサルティング会社で，柳原光を呼んで研究し，感受性
訓練という名で，T グループの研修を行い，一時は大きなブームになりました。
ところが，感受性訓練にはその参加者を追い込む傾向があり，自殺者も出した
ことからそのブームは終焉に向かいました。

　当初の T グループは，コンテントレス，タスクなしで人間関係がどうなる
かを実験してみたものでしたが，精神的にタフな人間しか耐えられないもので

あるという特徴も持っていました。TAの言葉を使えばCPを尖らせて，人が向かい合い直接的なフィードバックを与え合うことから，極めて高い緊張が生まれたのです。

　そうした反省から，日本のラボラトリー・トレーニングは，その後，仮のタスクを作ることで，いろいろ考えてみることを試みていきました。タスクを行うがその結果は気にしないという考え方で，参加者がNPを使って相互作用を行うものへと変わっていきます。多様な診断表・質問表やエクササイズなどが開発されました。1976年には，柳原光がラボラトリー・トレーニングでタスクとして使える各種のエクササイズを『Creative O.D.』として取りまとめ，企業などの教育にも広く活用されるようになりました。

2節　組織に対するファシリテーションの鍵となる会議運営のスキル

1. 組織を方向づけ，力を発揮させるもの

（1）ファシリテーションが求められる背景

　現在の高度に情報化した複雑な社会では，組織内の個人の役割も複雑化・高度化しており，1人のリーダーが1つひとつの仕事を管理するのが困難になっています。そこでは，現場の情報がリーダーに届かなくなり，組織に必要なフィードバック（情報に基づき調整や制御を行う）の機能は麻痺しがちです。組織のメンバーそれぞれが，自分の持ち場でイニシアティブを発揮して，自律的に行動しないと，組織が意図した通りに動かない状況になっているのです。

　こうした状況の中では，今まで以上に，個々人の自由な意思に基づいて力を結集し，組織全体の目的に向けてベクトルを合わせていくことが重要になってきています。有無を言わせず指示・命令をしても，人は言われた以上のことを行わず，状況の変化に対応した意欲的，自律的な対応をとることは期待できないからです。

　自由な意思に基づいて力を結集するためには，個々人の参画がキーワードになります。

　組織のメンバーがその集団の問題解決や課題達成に参画し，合議的に物事を進めていくプロセスが，個々人のモチベーションを高めていく上で大きな意味を持つのです。そして，個々人の意欲を結集する上では，集団のメンバー相互の関係性がうまくかみ合って，集団として課題などに前向きに取り組む機運が醸成されなくてはなりません。

　参画しようという気持ちとメンバー同士の協力的な相互関係の基盤になるのは，組織のメンバー同士の信頼関係です。自分の思うことを率直に口に出せない状況では，相互に協力しようという気持ちや，決まったことに本気で取り組もうという意欲は生まれがたいでしょう。権威主義，気兼ね，必要以上に自分を飾ろうとする雰囲気などもオープンな参画を困難にします。

　開放的な雰囲気があっても，お互いが言いたい放題で配慮を欠いた言動が行われれば，お互いの傷つけ合いや険悪なムードなどにつながり，相互信頼の雰囲気は醸成されません。

　ファシリテーションは，組織の中の人と人との相互作用のプロセスに着目して支援を行うことで，組織の信頼関係を築き，参画を促進する上で大きな効果を発揮するものです。まず，ファシリテーションは，自由な意見が言える場づくりを行い，意見に対し耳を傾けられる受容的な雰囲気を作ります。そして，集団の中に生まれた葛藤をコントロールします。時には，それぞれが言いたい文句も十分に言わせてガス抜きをした上で，具体的にどうしたらよいのか，現実的な解決に目を向けさせていきます。

　方向や結論の決定段階では，メンバーの納得が得られるような，コンセンサスづくりが大きな機能になります。

　自分たちで決めることでモチベーションが高まり，一生懸命取り組もうという気持ちになります。ファシリテーションは，メンバーが自分たちで決めたことに納得して創意工夫しながら取り組む「自律性」を育み，個人を活性化する効果を持っています。そして，集団の前向きな行動を引き出し，問題解決や創造に取り組んでいく土壌を作り出す力をも持つのです。

（2）集団を方向づけ，知恵と意欲を生み出す会議・ミーティング

　組織内で，何か問題が生じてそれを解決しようというときや，何か新しいことを始めるとき，それはどういうプロセスで進むのでしょうか。

多くの場合，それは会議やミーティングを開いて，そこでの議題として扱われるか，プロジェクトが編成されて，会議や関係者が集まっての打ち合わせを重ねることを通じて動いていきます。

　大きな話としては，国に何か問題や改革のテーマがあるとき，どんなことが行われているでしょうか。審議会，諮問会議，対策会議などが開かれて，大臣が答弁していたり，学識者などがずらっと並んでいるという映像がテレビで流れたのを見たことがある方も多いと思います。

　もっと身近なところで，何かを決めたとき，そこにはアイデア出しと意思決定のためのミーティングが何度か持たれて，物事が進んでいった経験は誰でもあるでしょう。1つのテーマに向かって共同で作業をするときにもスケジュールや役割分担を決めたり，報告し合って情報共有して討議したり，結果を取りまとめたりということのためには，ミーティングが持たれるはずです。

　企業などの組織でも同じように，物事を決めたり問題を解決するためには，関係者が集まって議論して結論を出すということが行われています。

　企業では，最初は上の人が全部決めて，トップダウンで指示を降ろしているように見えることもあります。そういう場合でも，方針や指示を決める前に，重要な関係者を集めて何度か少人数のミーティングが持たれていることが多いのです。

　問題解決などを進める上で，会議やミーティングが担っている役割は，方向性の決定，情報の集約やアイデアの創出，組織のとる行動の決定とスケジュールや役割分担の決定など，組織で物事を進める上でのキーポイントを押さえるものとなります。もちろん，大きなテーマであれば，会議やミーティングは一連のシリーズとなり，個々の会議の積み重ねによって成果を求めていくことになります。

　皆さんがグループやプロジェクトのリーダーの立場になったときには，会議やミーティングをうまく活用することが，人間集団のパワーを引き出す鍵となります。また，まだリーダーの立場でない場合でも，参加する会議やミーティングで非公式のリーダーシップを発揮すれば，集団の成果を高めるチャンスとなるのです。

2．会議ファシリテーションの視点と構造

（1）ファシリテータの基本的視点

　会議やミーティングが終わった後に記録に残るのは，そのときの話し合いのテーマや，主な議論の内容，決定事項，継続検討事項などの内容的側面（コンテント）です。しかしながら，会議の成果が期待された通りのものになるか否かを大きく左右するのは，記録には残らない会議の中で生じる様々なプロセスなのです。

　皆が活発に意見を言って盛り上がって知恵が出た，沈滞したムードで意見が出なかった，1人ばかりが発言して他はしらけていた，途中で意見の対立が激しくなって先に進まなかった，意見が言いにくい雰囲気だった，皆の納得が得られていたなど，会議の中ではそのときどきに参加者間のいろいろな相互作用が起こります。

　先にふれたように，ファシリテーションはプロセスの支援を行うものです。それゆえ，ファシリテータにはまずコンテントとプロセスを区別することが求められます。

　コンテントとは，グループの持つ課題やテーマ，議論の中身，作業などの内容的な側面で，プロセスとは，グループの中で起こっている，人と人との関係や議論の進め方などの関係性や過程の側面です。

　ファシリテータが果たすべき主要な貢献は，プロセスに着目して，よりよいグループのプロセスを支援し，促進していくところにあります。

　そこが，コンテントについて方針を決定し，関係者を引っ張っていくことが期待されるリーダーとの大きな役割の差になります。

　詳しくはスキルの項でふれますが，例えば，「話し合いが混乱して進まない」プロセスを見て論点を整理する，「否定的で意見の出にくい雰囲気で横道にはずれていく」プロセスに対して，議論を本題に引き戻す発言をするなどが，プロセスへの支援です。

　プロセスを観察する上では，大きく①コミュニケーションのあり方，②意思決定やリーダーシップのあり方，③雰囲気や個々のメンバーの様子の3つの視点をあげることができます。

それぞれ，次のような点が着眼点になります。

①コミュニケーションのあり方
  ・メンバーの発言の仕方：お互いに言いたいことが言えているか。ストレートな発言か，遠慮した発言か，本音か建て前か
  ・発言のバランス：話した時間や回数などはどうか，特定の人にかたよった発言があるか，まったく発言しない人はいるか
  ・話しかける相手：誰が誰によく話したか，いつも特定の人を向いて話をするなどのメンバーの関係はあるか
  ・メンバー相互の発言のかみ合い方：お互いに主張を繰り返しているのか，かみ合った応答がなされているか
  ・発言時の感情の表出：冷静な話し方か，感情的になっているか
②意思決定やリーダーシップのあり方
  ・リーダーの役割を担う人：誰が決めたか，リーダーは固定しているか，いろいろな人が状況に応じてリーダーシップを発揮しているか
  ・メンバーの課題達成志向と集団の維持・形成志向：課題達成志向の役割（口火を切る，意見やアイデアを提供したり求めたりする，同意を確認したり締めくくる），集団の維持・形成志向の役割（励ます，支える，緊張を緩和する，整理役を務める）
  ・意思決定のタイプ：1人による決定，多数決，コンセンサス，暗黙の了解，全会一致
  ・意思決定に向けての時間配分：決めるのにかかる時間，時間管理は誰がしているか
③雰囲気や個々のメンバーの様子
  ・グループ全体の雰囲気：開放的，閉鎖的，友好的，敵対的，馴れ合い，緊張感，温かい，冷たい，活発，沈滞
  ・メンバーの様子：不安，安心，緊張，自由，防衛的，攻撃的，関心，無関心

ファシリテータの役割は，プロセスに責任を持つことだと言えます。では，

ファシリテータはコンテントと，どのような関わりを持つことが望まれるのでしょうか。

　ひとつ頭の中で会議の場面を想像してみましょう。ファシリテータがコンテントに関わって，1つの立場に肩入れしたら何が起こるでしょうか。意見が激しく対立する局面で，片方の意見に賛成する立場から議論を進めたらどうなるでしょう。

　そのときファシリテータは，議論に参加する1メンバーの立場になります。反対側の意見を持つ人は，反感を持って反論してくるでしょう。次には，その反論に対して再反論することになります。ファシリテータが対立の解消を行うのではなく，さらなる議論の混乱を導くことにつながります。そうなってしまったら，関係性に働きかけてプロセスを支援することも難しくなります。反対意見を持つ人は，ファシリテータへの信頼を失い，議事の進行に対する協力姿勢も得られなくなるでしょう。コンセンサス段階での感情的な反発も予想されます。

　また，ファシリテータがコンテントに対して，あるべき論を振りかざせば，オープンな議論は行われにくくなります。ファシリテータが尊敬と信頼を集めている人物であれば，メンバーは依存心を持ち，意見を言うよりも教えを乞う姿勢になりがちです。それはメンバーの自律性をそこなうことになります。反対に，十分な信頼を勝ち得る前のファシリテータであれば，反発を受けるか，参考意見として聞き流されるということにもなりかねません。メンバーから，ファシリテータが特別な役割を担った人ではないという判断が下される可能性大です。そういう認識を持たれたら，その後のファシリテーションの活動に対する納得と協力はあまり期待できません。

　ファシリテータはグループのパワーを引き出す黒子役に徹するのが原則です。メンバーが自分たちで議論して決めることによる満足と納得を阻害しないよう，ファシリテータは，コンテントに対して中立的な立場に立つのが基本的な心構えです。

（2）会議の時系列的構造

　会議には，そもそも何のために会議をするのかという目的があり，実際の会議の場面があり，会議で決まったことがその後どうなるか，という会議の目的

❶図4-1　会議のPDCA

の実現という問題があります。

　会議がその目的を達成するためには，本来なんらかの計画が必要です。会議を実施したら，その中でも目的通りの内容になっているかどうか，確認して方向修正をすることが必要になります。そして，会議が終わった後には，決定事項が順調に進んでいるか，そもそもの目的が達成されているかというチェックが必要です。もし，うまくいっていなかったら，なんらかの対策を打たないと会議を行ったこと自体が無駄になってしまいます。

　そういう流れで見ると，会議には，計画（Plan），実行（Do），チェック（Check），対策（Action）の4つのフェーズがあることがわかります（図4-1）。実施段階については，その中にも会議の場づくり，議論のプロセス，合意形成などにそって，それぞれ計画に合わせた実行とチェック，チェックしたことに対するアクションがあります。一般的なビジネスと同じように，このPDCAのサイクルを的確に回すことで会議はその目的を達成していきます。

コラム：PDCAサイクル

　ビジネスの基本としても，仕事の計画（Plan），実行（Do），チェック（Check），対策（Action）のフェーズを確実に回すことが重要であるとされます。特に，キャリアの早い段階でこのPDCAのサイクルを回す仕事をする力を身につけることが重視されます。

　企業の中では，「あれもしたいこれもしたいと計画倒れで，考えたことはよいけれど実行が伴わないこと」「やみくもに仕事にとりかかるものの，事前の考えがないため何のためにその仕事をしているかわからないこと」「やりっぱなしで本当の目的を見失っていること」「問題が起こってもその場しのぎの対策で，再

発防止策がとられないこと」などで効果的な仕事が行われないことが結構よくあります。そうならないため PDCA のサイクルを意識しましょうということです。

（3）会議ファシリテーションの 8 つのスキル

PDCA のサイクルのそれぞれのフェーズで重要なことは何かという観点からファシリテーションの構造を見ると，8 つのスキルとしてまとめることができます。

P のフェーズでは，会議を設定し，会議のファシリテーションの計画をすることが重要です。それが①「計画のスキル」です。

D の実施段階ではまず冒頭で，参加者のコミュニケーションの基盤を作る②「場づくりのスキル」があります。ついで議論を活性化させるものとして，③「傾聴と質問のスキル」が求められます。これは，第3章で学んだものの応用と考えてもらえば結構です。議論が進んでいく中では，参加者の理解と納得を促進する④「記録のスキル」が効果的なものとなります。

C の実施段階として，議論のプロセスと参加者の気持ちをチェックする⑤「観察のスキル」があり，状況による対策の打ち方があります。特に，議論が対立した場合に，それを克服するものは，⑥「コンフリクトへの介入のスキル」となります。

そして，会議のまとめの段階では，納得感のある合意形成を行う⑦「合意のスキル」が効果を発揮します。

最後にくるのが，会議後に行う C，A のフェーズでの⑧「フォローアップのスキル」です。

3．会議ファシリテーションの進め方

上の①〜⑧にそって会議ファシリテーションの進め方を概説していくと，次のような流れになります。

（1）計画のスキル

計画のスキルの内容には，より大きな目的に向けた会議でのコミュニケーション目的を明確にすること，円滑なコミュニケーションの基礎的な準備をすること，会議を進めるための作戦を立てることなどがあります。

1）目的の明確化

　会議やミーティングのファシリテーションで第一に重要なのは，人を集めて話し合う目的は何かを明確にすることです。ファシリテータが目指すものは，会議が達成すべき目的に向けて，グループを支援することであるからです。ここはロジャーズのエンカウンター・グループにおけるファシリテータの役割とは違う点です。もちろん，ここでいう目的は，ファシリテータが個人として得たい結果ではありません。

　目的へのこだわりは，ファシリテータにとって何よりも大切なものです。計画段階だけでなく，ファシリテーションのすべての局面で，ファシリテータは，この「目的」に向かってグループを支援することになります。

　この会議で何を達成したいのか，参加者がどういう成果を得ればよいのか，目的の焦点を絞りこむことが大切です。限られた時間で実際にできることは多くないのであまり欲張らないこともポイントになります。

　目的が明確になったら，そこで何が得られたら目的達成といえるか，という具体的ゴールイメージを定めておきましょう。会議の目標設定です。

　参加者が納得できて意欲をかき立てられるような，結果重視型の明確な目標設定ができるかどうかは，ファシリテータにとって重要なスキルです。

　ゴールイメージを明確にするためには，「会議終了後に，何がどうなっていたらよいか，それは現実的に達成可能なものか」を自らに問い，また主催者と対話して十分に考えて練り上げていきます。具体的にどういう成果を得たいのかまで，はっきりさせることで目的はシャープになっていくのです。

2）円滑なコミュニケーションの基礎的な準備

　会議の場で，「隠された規範」が参加者の行動を制限していることがあります。例えばこんな具合です。

・上司の発言には反対しづらいムードがある。
・細かいことでもあら探しをされるので，発言に極めて慎重。
・主張が強く，人の話を聞くことよりも自分を認めさせることが大事。

　こうした隠された規範があるところでは，活発で生産性の高い議論は期待し

がたいものがあります。そこで，隠された規範を分析し，議論を円滑に進め，議論の進行を妨げる動きに対処するために先手をとった対策を打つことができます。それを，会議の「グランド・ルール」といいます。

　グランド・ルールとは，コミュニケーションや情報共有化を進める上での約束事です。そのプロジェクト，会議・ミーティングの場，また会議の中の特定のセッションは，こういうルールに基づいて進行しますという決まり事を作っておくのです。

　これはあまり難しく考えることではありません。「肩書きに関係なく，対等な立場で議論する」「発言は最後まで聞く」「発言内容の批判や攻撃はしない」「携帯電話はマナーモードにし，緊急の要件以外は休憩のときに対応する」など具体的でわかりやすい表現をします。会議の生産性を高め実りあるものにするために，参加者に守ってほしいルールとして，会議・ミーティングの冒頭で説明し，必要に応じて議論が始まってからも再確認するなどして活用します。

　もう1つ押さえておきたいのは，参加者の属性です。年齢や経験などの情報は比較的容易に得られる情報です。成熟度に合わせた進行を行うことにつながります。役職・権限などは，その会合でどこまで決められるか，誰が実行部隊になるかなどを想定しておくことに結びつきます。

　その他の属性としては，参加者の性格特性もあります。どんな思考や行動の特性を持ったメンバーが参加するのかということです。その特性に応じて起こりうる状況を想定し，それに対処する工夫も考えておきます。

　もう1つ会議の計画段階で，見落としてはならないことがあります。それは会議の段取りです。

　会議が，テーマにふさわしい環境で，予定通りスムーズに実施できるよう，誰かが必要な準備と手続きをしなくてはなりません。ファシリテータとしては，会議がスムーズに進められ，障害が出てこないよう計画してチェックしておきたいところです。事前準備のポイントは，下記のような点です。

①日程の確定
　・会議やミーティングに必要な時間の想定
　・適切な実施時期の検討，参加者の予定の調整

②会議室の確認・選定

・参加者数に対して，部屋の広さは適切か（狭すぎると圧迫感があり意見が出にくい。広すぎると落ち着かず，活気が出にくい）

・ホワイトボードはあるか。壁に模造紙を貼れるかなど

③必要な用具・機材の準備

・ホワイトボード，ホワイトボードマーカー，模造紙あるいはフリップチャート，記入用フェルトペン，付せん紙やメモ用紙，養生テープ，PC プロジェクター，ポインターなど

④参加者への案内の発信・確認

・主催者名（発信者名），発信日

・目的，開催日時（所用時間），開催場所，テーマ・議題，出席者

・事前準備の必要や持参物など

⑤当日使用する資料や議事予定の準備

・事前に準備しておいたほうがよい資料など／会議の議事予定（アジェンダ）

　上記の中で，②の会議室の選定に関連して，机とイスの配置でも，大きく雰囲気や参加者の姿勢が変わってくるので，まず，次の３つの心理的な原則を頭に入れておいてください。「お互いの距離が離れるほど，心理的な距離は遠くなる」「お互いの間に机があると，心理的な距離は遠くなる」「正面で向かい合うと，対決の心境になりやすく，圧迫感が高まる」。

　心理的な距離が遠くなると，議論が建前論や他人事になりがちなので，注意しましょう。基本的なレイアウトのパターンとそのポイントを，以下に紹介しておきます。

● スクール形式（教室型，学校型）　２～３時間の短時間レクチャー向きです。発言者の表情なども見えにくいので，参加者間でコミュニケーションする空気は生まれません。

● ロの字，コの字形式（会議型）　一般的な会議で用いられるスタイルで，全員にフォーマルな発言をさせたい場合に向いています。席が離れていても参加

⬆図4-2　オープン・ステージ型

者同士で顔が見えるのは利点ですが，間に机と空間があるため，少し堅苦しい
ムードが出てきます。

●**討議形式（シマ／アイランド型）**　グループ討議を中心とする場合の基本形
です。ワイワイがやがやと話し合う雰囲気が作り出せることがメリットです。
少人数でミーティングをする場合も，1つのシマを作って座ると，密度の高い
話し合いができます。

●**テーブル・レス方式（オープン・ステージ型など）**　身体を使う場合や，自
由に動き回らせたい場合，親密感を形成したい場合に適しています。図4-2
のオープン・ステージ型（扇型）は，アイス・ブレイキングのときなどに有効
なスタイルです。

3）会議を進めるための作戦

　会議やミーティングの計画の中核は，ファシリテーションのプロセスの設計
です。目的・ゴールに照らして，何をどこまでやるか，どんな方法でやるか，
時間配分はどうするかなどの具体的プロセスを検討します。

　ファシリテーションのプロセスには，決まった流れはありません。ケースバ
イケースで最適なプロセスを設計する必要があります。

　そうは言っても，基本的ないくつかのパターンはあります。ここでは3つの
基本パターンを示しておきます。

●**起承転結型**　あらゆる場合に使える基本形
【起】オープニングの「つかみ」の部分。会議のねらいや全体像などを参加者
全体で共有する。アイス・ブレイキングなどの手法を使って緊張を解き，安心
感を高めながら，参画意識・チーム意識を芽生えさせ，テーマへの関心をうま

く引き出すことがポイント。

【承】テーマを受けて，参加者が自発的に内容に参加し，相互作用を生み出す
ようにする。テーマに関する思いや疑問などを素直に出し合いながら，テーマ
の掘り下げやチームの相互理解を図る。

【転】「承」で出てきた意見やアイデアを創造的なものへとまとめ上げていく。
人数によっては小グループに分かれて議論する必要もある。このステップでは，
異なる見方のぶつかり合いから素晴らしいアイデアが出ることが期待され，そ
の反面，意見の衝突による様々な葛藤・対立も生まれるので，そこをうまく乗
り越えることがポイントになる。

【結】様々な意見・アイデアを交通整理してまとめ上げ，対立を乗り越えて，
チームとして合意できる成果を得る。

● **発散・収束型**　創造的なアイデアを生み出す場面で使いたいプロセス

【発散】グループの活動の前半部分では，話を広げる。「できるだけたくさんの
アイデアから最良のものを選び出す」ために，参加者の思考を発散させて，様々
な情報を多様な視点で集める。アイデアの質は問わずに量を重視することがポ
イント。ブレーン・ストーミングはそのための最も手軽で役に立つ手法になる。
その場合，ブレーン・ストーミングの4つのルール（自由奔放，質より量，批
判厳禁，付け足し歓迎）をしっかり守るようにする。強制発想法として，付せ
ん紙などを使って，思いつくことを個人作業で書き出し，読み合わせをしなが
ら付随して出てくるアイデアをさらに追加して，アイデアを広げていく方法も
効果的。

【収束】アイデアを発散して，十分にアイデアが出つくしたと思われたら，今
度は意見をまとめていく「収束」のステップに入る。十分に意見が出ていれば
自然に収束に向かう雰囲気が出てくるものなので，そのタイミングを見極めて
発散から収束へと切り替える。発散させた様々なアイデアを整理して，全体像
を明らかにすることが必要となる。この作業はファシリテータが1人でやるの
でなく，グループの共同作業として行うことがポイントになる。納得しながら，
合意していくプロセスを大切にし，整理が終わったら，最良のものを選び出す
か，統合してよりよいものへと磨きをかけていくなどして絞り込む。

●**問題解決型** 現状を知る（問題把握），あるべき姿を描く（目標設定），ギャップを埋める手段を考える（解決策立案）の3つの議論からなる，ビジネスでよく使うプロセス

【目標設定】あるべき姿として目指すべき，目的や目標を明らかにして共有する。

【問題探索・発見】幅広く情報を集め，あるべき姿と現状のギャップや，目的や目標の達成を阻害している要因を洗い出す。

【問題分析】情報を様々な角度から分析し，原因発見の糸口を見つける。

【原因の特定】目的や目標達成を阻害している主要な原因を特定して，共有する。

【解決アイデアの創造】特定した原因に対して，問題解決のアイデアを生み出す。

【アイデアの評価・統合】アイデアを評価または統合して解決策の選択肢を作る。

【解決策の決定】選択肢から1つの解決策を選び取る。

【実行計画の策定】解決策を具体的に進めるための行動計画を策定し，役割分担やスケジュールを決定する。

　会議やミーティングの計画の最終段階として，当日の議事予定（アジェンダ）の作成が大切です。このアジェンダは会議の全体像や目的などの基本情報を参加者が共有するための基本的なツールになります。

　アジェンダの記載内容は，会議の目的，検討するテーマ，進行予定（時間配分の目安）などです。何かの決定など具体的な目標がある場合はそれも記載したほうがよいでしょう。

（2）場づくりのスキル

　場づくりのスキルで求められるのは，共感的コミュニケーションの基盤づくりです。会議を成功させるためには，皆が安心して意見を出し合える場の雰囲気があることがポイントになります。

　そこで，ファシリテータに求められてくるのが，参加者がリラックスして話しやすい雰囲気を，早い段階で作ることです。これは，ファシリテータと参加者の間だけでは実現しにくいことです。参加者同士の心理的側面にも働きかける必要があるのです。参加者同士の「関係性」を促進するということになります。初対面の人が多い場合には，まず，「お互いがどんな人なのか，人柄や考え方を知り合うようにする」ことがポイントになります。

1）チェック・インとアイス・ブレイキング

　参加者がお互いを知って，緊張をほぐすために役立つのが，「チェック・イン」と呼ばれる自己紹介のやり方です。

　「チェック・イン」では，所属や経歴などのプロフィールだけでなく，お互いの人となりがわかるちょっとした話題をはさむようにします。顔見知り同士でも，「今の気持ち」「テーマに関する問題意識」「趣味」「最近読んだ本」など，ひと言ずつ話をする機会を持つことがポイントです。最初に全員が口を開く機会を作り，その発言をお互いが受け入れることによって，後からのプロセスへの参画度がまったく違ってくるからです。

　チェック・インのタイミングとしては，会議の目的など全体像を簡単に説明した後で行うのが適しています。これから何をするのかがわかった時点でないと，いきなり自己紹介と言われたらかえって不安が増すこともあります。

　「チェック・イン」だけでは，十分に固い雰囲気をほぐせそうもない場合には，「アイス・ブレイキング」という手法が使えます。文字通り，氷のように冷えた場を打ち砕くという意味の活動です。アイス・ブレイキングには膨大な種類がありますので，ファシリテータとしては，いくつか自分の得意なアイス・ブレイキングを身につけておくとよいでしょう。オープニング以外でも，雰囲気が固いときなど，自由に使いこなせるようにしておきたいものです。

　ここでは，アイス・ブレイキングの技法を，大きく以下の3つに分けて簡単にかいつまんで紹介しておきます。

①お互いを知り合うことに焦点を当てたもの
　　知らない人とペアを組み，数分インタビューした後で，お互いの相手を全員に紹介する「他己紹介」などがあります。
②体を動かして緊張を解くもの
　　簡単な体操やストレッチを皆でやったり，ペアを組んで交代に1分間マッサージをしたりすることでも効果があります。
③アイス・ブレイキングを通じて学びがあるもの
　　ウォーミングアップ・エクササイズとも言われます。コミュニケーションに関するゲームを使ったり，今の自分（会社）や将来の自分についてイ

メージ絵画を描いたり，隣同士で問題点と感じていることを話し合ったり
などの技法があります。

2）ウォーミング・アップ

　本題の話し合いに入る前に，より実りある議論に向けて，参加者の問題意識
を高めるのにもいくつかの方法があります。

　課題に向けてのウォーミング・アップは，1人で静かに考える時間を設ける
ものと，対話を活用するものに大きく分けられます。

　会議の中で，1人で静かに考えてもらうための個人作業の時間をとることは
有益なことです。例えば，ブレーン・ストーミングを始める前に，10分か15分
1人で考えて，浮かんできたアイデアを付せん紙などにメモする時間を設ける
方法があります。そのことで，得られるアイデアの幅や量は，いきなり議論を
始めるよりもはるかに豊富なものになることが期待されます。

　確実に目を通してほしい資料がある場合などにも，この手法は使えます。資
料を説明する代わりに，後から答えてもらう質問をいくつか投げかけた上で，
1人で資料を読む時間をとるのです。そのことにより，問題意識を持って資料
を読んでもらうことができます。

　会議の前に個人で準備してきてもらうのも，有効なウォーミング・アップに
なります。具体的には，事前に資料を読むように指示を出すことや，いくつか
の質問のリストを渡して，回答を記入しておくように求めることなどです。

　対話を活用するウォーミング・アップでは，議論の前に対話をすることで，
それぞれの参加者が考えをまとめ，掘り下げて考えることを促し，参加者間で
お互いを受け入れる土壌を作っていきます。

　対話によるウォーミング・アップのやり方はシンプルなものです。

　2〜3人ずつに分かれて，テーマについてお互いの考えを自由に話し合って，
理由や意味などを質問し合うだけでもよいのです。アイス・ブレイキングでも
使える同じ方法です。報告を聞いた後で，どんな点に疑問を持ったかを隣同士
で分かち合うなど，様々な場面で使える簡単な方法です。

　ポイントは10分か15分くらいの短い時間を設定して，あくまで本題の議論に
ついてのウォーミング・アップとして行うことです。盛り上がっているからと

延々と続けると雑談会の雰囲気になってしまいますので，適当なところで打ち切ります。

3）疑問や不安を解消するオリエンテーション

自己紹介やウォーミング・アップの前にしておくべきこともあります。

そもそも何のために集められているのか，参加者が疑問に思っていることもあり，参加者が会議の目的を十分に理解しているとは限りません。どんな人がここに座っているのか，これから何かをさせられるのではないかなどの不安もあるでしょう。

不安や疑問，誤解を解消し，参加者が前向きにテーマに取り組む意欲を高めるために，オープニングで行うべきことには次のようなことがあります。

・参加者に対して，感謝の言葉やねぎらいの言葉などをかける。
・参加者や主催者，オブザーバーを紹介する。
・会議，ミーティングの目的やゴールイメージを共有する。
・会議，ミーティングの進行予定や休憩などの説明をする。グランド・ルールを共有する。

4）導入プレゼンテーションは簡潔にする

オープニングに引き続いて，導入プレゼンテーションをする場合も多くあります。テーマに関する基礎知識や情報，主催者側の問題意識や素案，事例などの紹介をして議論の素材とするためです。

プレゼンテーションのポイントはまず，「要点を絞ること」です。あれもこれもと盛り込んでしまっては，何を議論したらよいのかわからなくなってしまいます。導入プレゼンテーションでは，聴き手に本当に必要な情報を厳選することが大切なのです。

配布資料は，Ａ４で１枚がベスト，多くとも３枚程度にとどめ，それ以上になる場合は添付資料にしましょう。起承転結の各段階のポイントを簡潔にまとめます。パワーポイント・スライドなどを使う場合も，スライドの枚数は少なく，文字をつめすぎないことです。

プレゼンテーションにおける「簡潔な話し方」もポイントです。全体像や結

論を先に述べて，聴き手がこれから何を聴いたらよいかの心構えを持てるように
しましょう。自分の頭の中にあることを，そのまま話していくと，前置きから順を追ってなかなか要点に到達しないということになりがちなので，注意しましょう。

　もう1つ大切なことは，「参加者の理解を確認する」ことです。プレゼンテーションの後には，質疑応答の時間をとるのが原則です。

（3）傾聴と質問のスキル
1）傾聴

　話し合いを進めやすい場づくりのために必要なことは，お互いの発言を積極的によく「聴く」態度を皆が持つようにすることです。

　そのためには，ファシリテータが率先して見本を示すことが大切です。言ったことが受け止められ，正しく返してもらえる場づくりをファシリテータの傾聴によってリードするのです。

　傾聴のスキルは，基本的にコーチングのものと同じです。100％受け入れる姿勢を持って，全身で聴くこと，ラポールを築くこと，ペーシング，うなずき，あいづち，鏡のように反射し明確化すること，相手の感情にも焦点を当てること，すべてが会議の中の傾聴でも活用できるスキルです。

　コーチングと違うのは，会議の中では，いろいろな人が発言するということです。まず，発言者すべての話に興味を持つことがすべての出発点です。

　つまらない話のように感じても，「この人の言おうとしていることには何か意味があるはずだ」と思って耳を傾けましょう。そこから，意外な収穫が得られることもあるはずです。

　もう1つファシリテータとして心がけておく必要があるのは，マイナスの非言語的メッセージを出さないことです。会議が長くなると，無意識の癖が出てくることも多くなりがちです。首をかしげながら話を聞く。眉をひそめる。手もとにあるペンや資料を無意味にいじる。髪をさわる。腕を組む。こういった無意識に出てくる癖があると，話し手からは，関心のなさや発言内容に対する否定的態度と受け取られることがあります。こうした癖には，注意が必要です。ファシリテータは，基本的に常に笑顔を心がけます。

2）質問

　質問のスキルについても，基本はコーチングのスキルと同じです。

　会議やミーティングでは，まず，議論を広げ，まとめるために質問を使っていきます。そこで重要なのが拡大型質問（オープン・クエスチョン）と限定型質問（クローズド・クエスチョン）の使い分けです。

　拡大型質問は，アイデアや意見，感想，情報などを求めるときに使うことが中心で，次のようなときに効果的です。

・できるだけたくさんの情報やアイデアを引き出したいとき
・相手に自分で考えてほしいとき
・テーマについて深く掘り下げたいとき／発想をふくらませたいとき

　限定型質問は，次のようなときに使うと効果的です。

・話を絞り込みたいとき
・あいまいな発言のポイントを探り当てたいとき
・事実や結論を確認したいとき
・相手の口が重く，まず口を開かせたいとき

　拡大型質問と限定型質問は，バランスよく使うようにしてください。どちらか一方ばかりを使っていると，拡散しすぎて何の話かわからなくなるか，話が行き詰まるか，ということになってしまいます。

　話を広げるために拡大型質問を使い，話が大きくなりすぎたら限定型質問で絞り込む，といった具合にうまく使い分けをしていきましょう。

　拡大型質問を使っていく場合には，常に今何を議論しているかを念頭に置くことが大切です。

　「あなたはどう思いますか？」などと投げかけられると，「そういえばこういうこともある」とテーマに関連した別の話が出てくることがあります。興味深い内容の話も出てくるかもしれません。けれども，あまり関連する話に深入りすることは禁物です。議論の焦点がぼけてしまうからです。軽く受けて，本題

に戻るようにしましょう。「一度に議論することは1つだけに絞る」のが議論を実りあるものにする鉄則です。

　限定型質問を使う上でも留意すべき点があります。コーチングの章（第3章）でもふれたように限定型質問を続けると，尋問のようになり，参加者が防衛的になってしまうことがあるのです。

　限定型質問を多用するファシリテータは，そのつもりがなくても，議論を自分の望む方向に誘導しているような印象を与える可能性もあります。自分で気づかないまま，結果的に相手の答えをコントロールしてしまっていないかにも注意が必要です。

　会議のファシリテーションでは，コーチングにはない質問の使い方があります。会議には，発言の少ない人や，なかなか議論に乗ってこない人がいます。そうした人が議論に参加するように促すためにも「質問」を使います。

　発言していない人のほうを向き，「○○さんは，この点についてどう思いますか」と答えやすいテーマで質問するだけでもよいのです。参加者全員に同じ質問をして，順番に答えてもらう方法もあります。

　また，全体に意見やアイデアが出にくくなってきたときなどは，「発想を刺激する」という観点から質問をしてみましょう。

　否定的な議論になってきたときには，問題を「肯定的に捉えた質問をする」のも発想を刺激する1つの方法になります。過去の失敗を振り返らずこれからを考える質問や，どんなことならできるか可能性を探る質問があります。

　ほぐす（チャンク・ダウン），まとめる（チャンク・アップ）やフレームを使った質問は，会議の場面では参加者全員がその内容を共有できるようにするため，次に説明する記録のスキルに合わせて使うのが効果的です。

（4）記録のスキル

1）議論の見える化

　人は忘れる存在です。よい意見や重要な情報が出てきても，全部覚えていられる人はあまりいないでしょう。自分の発言することを考えていて，聞き逃す参加者もいるでしょう。

　そこで，ファシリテータの4つ目のスキルが求められます。参加者全員に見せるための，会議やミーティングの「記録のスキル」です。ここで言う記録と

は，手もとのメモではなく，参加者全員に対し，議論を可視化（見える化）する記録方法になります。

　一番簡単なのは，ホワイトボードや模造紙にテーマを書き，議論で出てきたアイデアや論点，決定事項などを順次書き出していくことです。

　それを眺めているだけでも，なんとなく論点がはっきりしてくることもあります。

　ホワイトボードを示しながら，「○○の問題と△△の問題の2つの論点があるようですので……」と論点を絞り込んでいくことにも納得感が出やすくなります。全員の発言を記録しておくと，自分の意見に固執しがちな人も，自分の発言の価値が認められたことを確認できます。その人の意見も，他の意見と並んで掲げられることで個人の手を離れ，客観的な検討の対象となるため，冷静に議論に参加することが期待できます。

　一般に，会議のプロセスを記録して見える化することは，次のようなメリットを生みます。

・記録をとる動きが，参加者の関心を引きつけ，集中を高める。
・参加者は，どんな意見が出たかを，記録を見ることで再確認できる。前に出た発言を参照したり，結びつけたりしたアイデアが生まれる。
・議論のプロセスと全体像を振り返ることで，今の論点は何か，議論の構造はどうなっているかを客観的に考えることができる。
・それぞれの発言者の発言内容が尊重されているという意識を高めることができる。また，同じ主張を繰り返すような無駄が省ける。
・合意事項や決定事項を全員の目で確認でき，合意点が明確になる。
・記録を議事録の材料としてそのまま使うことができる。

2）キーワードを見つける

　見える化するための記録では，全部の発言を書き出していくわけにはいきません。

　そこで記録のポイントは，発言内容を集約して表現できるキーワードを見つけることになります（これには，話し合っているテーマについての知識に加え

て熟練も必要になります。発言内容からキーワードを見つけるスキルは，出席する会議の詳細な記録をとって，後からキーワードを見つけて書き出して，整理することで訓練することができます。学生の場合，学校の講義ノートを内容が見える化するよう再整理することもその訓練になります）。

もう1つは，発言者の発言内容が明確でない場合があります。

議論がかみ合って生産的な方向に進むためには，「共有している知識・事実」と「論理」が必要になります。次にあげるような視点で，質問を使って発言の中の「事実」と「論理」を明確にしながら，より議論に向くキーワードを探す作業も必要です。

・話のテーマを明らかにする：漠然とした抽象的な言葉が並んで，何の話をしているのかわからないケース。こうしたケースでは，５Ｗ１Ｈを確認する。
・前提となる事実を明らかにする：意見を主張する場合には，何かその考えのもととなった前提を省略する場合がある。そうした前提を明らかにすることも発言内容を明確化する。
・事実と意見を切り分ける：話している内容が，事実を説明するものなのか，意見を述べているのかを切り分けてもらう。個人的意見を事実として受け止めてしまうと，議論の土台が誤っていることにもつながる。
・「大きな言葉」の意味を明確にする：「戦略的」「マーケティング」「コンセプト」など，日常的に使われているが，意味される範囲が広く，人によってニュアンスが違う言葉が用いられた際は，何を言いたいかを明確化する。議論の上すべりを避ける。

質問のところでふれたように「明確化」の作業は，ファシリテータと参加者の話し合いの中で，質問のやりとりとして行うこともできます。ここでは，記録しながら論理の明確化をすることをお勧めしておきます。

理由は2つあります。1つ目は，論理的でないことやあいまいなことを人前で指摘されるのは愉快なことではないからです。記録のために確認する質問なら，比較的容易に柔らかい感じが出せるでしょう。あいまいな言葉をとりあえ

ず書いて，「○○というのは？」と質問し，書いた言葉の下に，具体的なことを書いていけば，責めているのではなく，記録を補足しているという印象になります。

　2つ目の理由は，「参加者全員にも論点がはっきり見える」からです。ファシリテータが明確化した，発言の前提やロジックを書き出しておけば，全員が論点を共有して議論を進めることができます。

　このように議論を記録し，わかりやすくまとめ直して，議論の構造が見えるようにする技法を「ファシリテーション・グラフィック」と呼ぶこともあります。

　「ファシリテーション・グラフィック」の基本的な進め方を整理すると次のようなものになります。

①キーワードを抜き出すか，発言のポイントを短い言葉で要約して箇条書きに並べる。
②キーワードを図形で囲んだり，下線をつけたりして，ポイントを強調する。また，吹き出しを使って注釈を加えたり，記号をつけていく。
③ポイントとポイントのつながりを，矢印を使ったり，線で結んだりして関連づける。
④ある程度議論が出つくしたところで，別のスペースを使って議論を整理する。次の4つの基本パターンのいずれかを使って議論を整理する。ファシリテータが1人で行わず，参加者と共同作業で行うのがポイント。
　　・大分類から小分類に階層化して整理する
　　・似たような項目をまとめる
　　・原因と結果や，時間の経過にそって整理する
　　・議論の主要な切り口を縦軸，横軸におき，マス目を埋めて整理する（例　縦軸：項目，横軸：メリット・デメリット）
　　※論理や問題点の図解のためのツールを活用する方法もあります。

（5）観察のスキル

1）場の空気を読む

　会議やミーティングの状況を判断することを，「場の空気を読む」と表現することがあります。これを平たく言い換えれば，「議論のプロセスと参加者の気持ちをチェックして次の進行につなげること」です。

　今の議論のプロセスは，目的と計画に照らして望ましいものであるか。また，参加者の気持ちに対処すべき問題はないか。そうしたことをチェックするわけです。チェックする方法は，「発言の流れと参加者の発しているメッセージ」を，「観察によって」チェックすることです。議論のプロセスを「観察」するにあたっては，内容面では次のような点がチェックポイントになります。

・参加者は，前提や論点を正しく理解しているか
・議論のプロセスで十分なアイデアや意見は出ているか
・1つひとつの論点について，十分に吟味が行われたか
・十分な合意が得られ次に進んでもよいか，反対意見は処理されているか

　ここでの観察では，話し合われている内容とあわせて参加者から発せられる感情などのシグナルもつかみます。

　参加者が，十分言いたいことを言ったという感じで，リラックスしている，話題も少し散漫で雑談まじりになっている，ということであれば，そろそろ次に進みたいという気持ちが見て取れるかもしれません。「あと10分でまとめに入りましょうか」と，次のプロセスに入る提案をしてもよいでしょう。

　もし，身を乗り出して，熱心に話し合っている感じであれば，さらに議論を続けたいというシグナルです。もう少し様子を見守ってみてもよいでしょう。あるいは，「このテーマにもう少し時間をとりましょうか」と参加者に投げかけることもできます。

　今のテーマについて，あまり発言が出てこない。質問を投げかけても，発言はあるが熱意が感じられず，沈黙の時間もある。発言内容も表面的なことが多く，期待していたような内容ではない。そうした場合は，今のプロセスがうまく進んでいないことは明白です。

求めているコンテントは不十分でも，このまま続けるのは得策ではありません。休憩をはさむなどして，その間に作戦を考える手もあるかもしれません。参加者に率直に問いかけて，テーマを変更するか，次のテーマに入ったほうがよいかもしれません。

2）発言がプロセスにそっているかを確認する

　「観察」の第二の着眼点は，プロセスにそった発言がなされているかどうかという点です。同時にいろいろなレベルの話題が出てきては，話し合いのプロセスも混乱し，議論が深まっていきません。設定された論点からズレた発言が出てきたらチェックして，本来のテーマに戻す必要があります。

　こうしたズレは，一般的に，次のようなテーマの混同や，すり替えによるものです。

①「現状」「目標」「対策行動」についての話題の混同
　・「現状」がテーマなのに「対策行動」についての発言をするなど
②「マクロ」「ミクロ」などのレベルの違う話題の混同
　・職場の問題という「ミクロ」を扱っているときに，そもそもウチの会社はなどと，「マクロ」の発言をするなど
　・大きく対策全般を話し合っているときに，議論がその中の一手段に集中して全体が忘れ去られてしまう場合など
③「現実論」と「べき論」の混同
　・現実的な解決策を検討しているときに，現実性のない理想論を持ち出すなど
④「今話題となっている論点」と「これから取り上げる／すでに議論が終わった論点」の混同

　このようなテーマとズレた発言が観察された場合には，次のような働きかけが可能です。

①問題点がテーマのときに対策行動の発言があった場合
　・その対策は，どういう問題点に対するものかを質問する

・アイデアを出すのは，次のステップであると柔らかく伝える
②マクロがテーマのときにミクロの発言
　・詳細についての議論は後から行うので，今は大きなテーマについて考え
　　てほしいと伝える
③行動を絞り込む段階で実現性のない「べき論」の発言
　・それは理想であるが，今は，現実的に取り組み可能な点に集中してほし
　　いと伝える
④先に議論が終わった点について，次のテーマのときに発言
　・今は，次のテーマに移っているので，一段落して全体の議論を振り返る
　　ときにもう一度問題提起してほしいと伝える

3）発言者のかたより
　ファシリテータの観察の第三の着眼点は，参加者間のコミュニケーションで
す。参加者全員による，生産性の高いコミュニケーションが行われているかど
うかをチェックしていきましょう。ポイントは次のようなものです。

①メンバーの発言の仕方
　　それぞれの参加者は，言いたいことを言えているか。遠慮や，言いづら
　　くて口ごもっていることはないか。遠慮している人などには，励ましや後
　　押しの言葉をかける。
②発言のかたより
　　まったく発言しない人がいる一方で，ずっとしゃべり続けている人がい
　　ないか。全員が平等に発言する必要はないが，かたよりが大きすぎれば問
　　題も生じる。発言が少ない人に機会を与えるのであれば，「○○さんは，
　　まだあまり発言されていませんが，いかがですか」などと水を向けてもよ
　　い。発言が特定の人に集中している場合は，「他の方はいかがですか」な
　　どと流れを変える。
③自己主張が強い人による話し合いの妨害
　　自分の持論を延々と話し続けたり，人の発言中に割って入ったり，他人
　　の発言を攻撃したりする行動が見られたら，毅然とした態度で，柔らかい

言葉を使って対処する。

4) 脱線を取り扱う

　脱線が長く続くとき，ファシリテータの立場では，その空気に乗りすぎないようにすることが大切です。本筋のプロセスに戻るタイミングを探りましょう。ここで掘り下げるための質問などはしないことです。

　適度にあいづちを打ちながら話を聞いて，言葉が途切れたところで，「さて」と参加者を本題に引き戻してください。

　テーマからの脱線があったからといって，すぐに本題に戻す必要はありません。多少の脱線は，話し合いの活性化に寄与するからです。参加者の話したい気持ちや，聞きたい気持ちを満足させることも大切です。

5) チェンジ・オブ・ペース

　長く話し合いを続けていると，その場に疲労感が漂って，議論が低調になってくることがあります。参加者が退屈してきている様子が見て取れることもあります。特定の人が話し続けて，言葉で働きかけをしても，流れが変わらないこともあるでしょう。

　そういうときには，休憩を入れてみましょう。少し息抜きをするだけでも，その場のムードは大きく変わるものです。

（6）コンフリクトへの介入のスキル

1) コンフリクトを前向きに捉える

　会議やミーティングを進めていると，必ず意見や意識の食い違い（ギャップ）が生まれてきます。こうした考え方のギャップから生まれる対立や葛藤，衝突などを「コンフリクト」とも呼びます。コンフリクト＝対立が適切に処理されないと，話し合いが物別れに終わり，相互に不信感だけが残るような結果を生じかねません。

　一方，対立があるから，話し合いの場には緊張感が生まれ，新しい視点を生み出そうとするエネルギーが生まれます。対立があるから，多面的な角度からアイデアが出され，様々な可能性が検討されることになります。

　日本人は対立を好まないので，一般的に対立の扱い方も苦手です。対立を無視したり，嵐の過ぎるのをやりすごそうとしたり，安直な妥協を求めたり，と

いった行動をとりがちです。ファシリテータとしては，対立を前向きに捉え，プラスの価値へと転化していかなくてはなりません。話し合いが対立をおおい隠して表面的なものに流れているときには，あえて対立を浮かび上がらせて，議論を活性化させることも必要です。

２）コンテクストの共感的理解の促進

　まず対立の背景や文脈をしっかりつかみ，それを双方が共感的に理解できるようにすることがポイントです。

　対立の背景には，状況認識などの前提や考え方の枠組みの違いがあります。そうした対立の背景にある文脈（コンテクスト）を理解することが，対立克服の第一歩になるのです。

　両者のコンテクストがわかれば，そこから自然に現実的で創造的な対立解消の方向性も見えてくる可能性があるのです。

　したがって，対立に対処するファシリテータとしては，まず，対立の背景にある双方のコンテクストを，共感を持って理解することが大切です。どちらか片方の主張に肩入れした理解では，双方が満足する方向性は見えてきません。中立的な立場で，双方に対し，共感的に理解することがポイントです。もし，対立する意見の背景がわからないときは，質問によってそれを引き出すことも必要になります。

３）視点を変えて，参加者が別の知恵を出すように支援する

　対立する意見の背景と文脈が双方に共感的に理解されてもなお，対立が解消されず，話し合いが混沌としてこじれていく場合や，平行線をたどり続ける場合があります。

　対立がこじれて収拾がつかない。そうしたときに求められるのが，ファシリテータによる「介入」です。ファシリテータの介入は，仲裁や調停とは違います。解決策の提案でもありません。

　そのための最も強力なスキルは，「視点を変えて，参加者が別の知恵を出すように支援すること」です。これは，難易度も高いものですが，創造的な議論を行う上では不可欠なスキルになります。

　話し合いの中でのこじれた「対立」は，複合的に様々な要素がからみ合ったものになりがちです。賛成か反対か，ＡかＢのどちらを選ぶかという単純な

形にはならないものです。特に企業での会議については，大きな共通するミッションや目標のもとで協働している中での対立ですから，決定的な180度の対立だけということは，あまりないはずです。

そこでは，対立を克服する，統合する視点が生み出される可能性が高くなります。ポイントは「合力の視点を持って，対立を転換する」ことです。

物理には，力のベクトルが正反対の180度でなければ，2つの力を合成した「合力」が生まれるという法則があります。

対立を克服するためには，まず，この「合力」のイメージを持ってみてください。実際に足すわけではありませんからあくまで「イメージ」です。2つの異なる方向の双方を満足させる方向は何かとイメージするのです。

そこから，対立を克服する別の視点が見つかるかもしれません。両者を満足させる新しい方向に向けて，参加者が知恵を出すように導いていくのです。そうなると，新たな創造的解決に向けての共通の議論の土俵ができてきます。

対立が完全に解消しないまでも，同じ方向を向いて前向きに議論する雰囲気が生まれてくるのです。

4）感情的対立への介入

対立がこじれてくると感情的な対立になり，激しい言葉の応酬となることがあります。感情的な対立が生じた場合の一番簡単な対処法は，チェンジ・オブ・ペースです。例えば，休憩をとることです。「ヒートアップしてきたので，一度クールダウンしましょう」というのがよく使われるセリフです。

中断するだけではなく，やめてしまう場合もあります。AかBかで，対立がこじれて収拾がつかないときには，1回クリアしてしまうのもよい方法です。「この点は平行線なので，両論併記でペンディングにしておきましょう」といった感じです。先送りと言って嫌う人もいますが，現実的な選択肢の1つです。

感情そのものに焦点を当てる方法もあります。

第一は，参加者の1人が感情的になっている場合など，その感情そのものを吐き出してもらい，受け止める方法です。怒っている，いらだっているなどで対立が生じているときは，参加者の不快感情が高まっている状況にあるわけです。その不快感情をファシリテータが受け止めて，感情そのものを聴いていくのが，この方法の基本になります。「かなりご立腹のようですけど，理由を聴

かせていただけますか」などと質問します。後は，共感しながら傾聴していきます。

　たまっているものを吐き出せば，徐々に気分も落ち着いてくるものです。そこで，「だから，こういうミーティングがあるんですよね。どうしたらよいか，一緒に考えていきましょうよ」などと本題に戻ります。この方法は，ファシリテータが十分な信頼を得ているときにしか使えないので注意が必要です。

　第二は，対立の図式を認識してもらう方法です。今の対立が感情の対立なのか，論理的な対立なのかを双方に聞いていきます。言い方が気に入らなくて感情的になっている場合に使える方法です。「さっきの言い方が気に入らなかった」ということが確認できたら，たいていは，そこから感情的対立は解消に向かいます。

5）その他の対立解消に向けたアプローチ方法

①重点を絞り込むことによる対立解消

　お互いが，最も重視する点，どうしても譲れない点を探って，合意できる条件を探る方法です。例えば，Aさんがどうしてもこだわる点は，Bさんが譲り，その代わりにBさんが最も強く主張する点は満たされるようにするのです。部門間調整など，「交渉」的な場で有効なアプローチです。

②合意できる点を確認することによる対立解消

　企業内の対立であれば，顧客満足，売上・利益，リスク管理といった上位目的では一致しているはずです。現状認識についても，主要な事実に関する認識では一致しているはずです。どこから違いが生じているかを明らかにすれば，そこに話し合いの焦点を当てていくことができます。

　また，込み入った対立の中でも，部分的には一致できる点も多くあるはずです。そのため，まず，お互いが一致しているか，または近い意見であるところを積み上げていきます。残された決定的な違いに焦点を当てることで，論点を絞り込むことができるアプローチです。

③対立の原因そのものをなくしてしまう

　対立のもとになっている本質的な原因を見つけ出し，それをつぶせば対立そのものがなくなります。簡単につぶせる原因が見つかる場合には，理想的な解消法になります。

（7）合意のスキル

　意見が十分に引き出され，議論もかみ合って，ある程度整理ができたら，いよいよ意思決定に向けて，合意形成を図るステップになります。

　参加者が合意に向かう気持ちになったタイミングを捉え，皆が納得する答えが出るよう舵取りしていくのは，ファシリテータの重要な役割です。

　「全員参加で議論して，独断的に決定する」という意思決定方法が現実的な場合も少なくはありません。話し合いに参加しているリーダーは，ある程度場の空気も読めているので，1人で決定するよりは，皆の意見が反映できます。その決定方式は，スピードが要求される場合の次善の策です。

1）コンセンサスを使った意思決定

　会議やミーティングで理想的な決定方法は，全員が納得する合意を皆で練り上げていく方法です。1人ひとりにとってベストな決定ではなく，「これなら納得して受け入れられる」という決定をすることがポイントです。これなら実行の「意思」を持てる，という案で意思決定するのです。

　これは，「コンセンサス法」と呼ばれる決定方式です。企業内の意思決定だけでなく，社会的な合意形成などにも幅広く用いられる方法です。

　コンセンサス法の第一のメリットは，参加者が決定に納得感を持つため，実行段階における支持と協力が得られることです。決定した案の実現性は，それだけ高いものになります。

　そして，もう1つの大きなメリットは，しっかりと舵取りすれば，集団の相乗作用により，新たな知恵が生み出されるところにあります。

　ここで注意が必要なのは，「全員が納得できる」ことと，100％の一致は違うということです。100％の一致を求めるのは，「全員一致による決定」です。この決定方式では，反対者が1人でもいたら物事は前に進みません。企業内では非現実的だと思ったほうがよいでしょう。

　感覚的な言い方になりますが，「80％の合意を目指す」のがファシリテータの心構えとして大切です。ゴール設定時点やまとめに入る段階で，「おおむね合意できる案を作ることが目標」と前フリすることもお勧めしておきます。コンセンサスの意味を共有して，参加者の納得感の形成を促進するのです。

　コンセンサスづくりを進めていく上で，しっかりと念頭に置いておきたいの

は，次の3つの留意点です。

①合理的に，全員が対等な立場で議論をすること

　　情緒的な議論に流されず，事実に基づいた論理的な話し合いを行ってください。これは，コンセンサスづくりのステップでも基本です。
②少数派の意見を大切にすること

　　多数派と異なる意見をよく聴き，その意見を生かすようにしましょう。少数派の考えの中にこそ，創造的なアイデアや，皆が気づいていない重要な視点があるかもしれません。それを生かすことができるのが，コンセンサス法の大きなメリットでもあるのです。
③おおむね皆が納得するアイデアが出るまで，粘り強く考えること

　　コンセンサスを形成するためには，時間がかかります。参加者のエネルギーと集中力を持続させる必要もあります。それに耐えきれずに，安易に多数決をしたり，リーダーに決めてもらうことは避けるべきです。

2）結論の詰めと実行の役割分担

　会議では，なんとなくムードで決定したけれど，何が決まったのかあいまいだった，ということも起こりがちです。

　本題に付随するような小さなテーマで，特に目立つことです。軽く決めて，すぐ次のテーマに移ってしまうのです。

　小さなテーマのときだけでなく，最終の結論を出すときにもこれが起こります。長い議論の後でようやく合意に達し，「これでいこう，決定」と皆が安心してしまうのです。

　詰めの甘い決定は，実行されない決定につながります。なんとなく決まったとしても，誰かがやるだろうでは物事は先に進みません。何が決まったのか，5Ｗ1Ｈを詰めて決定することが大切です。

　「今の話でいこうと決まった」ではなく，「何を」「なぜ」(「どこで」)「誰が」「いつまでに」実行するかまで決めないと，本当に決まったことにはなりません。

　あわせて，「なぜ，その案を実行するか」，その目的のキーワードも再確認しておくと，それが実行段階の共通言語になり，スムーズな決定事項の推進につ

ながります。

（8）フォローアップのスキル

コンセンサスが得られても，その場の満足感だけで終わってしまうことがあります。「この間の会議で決まったはずだ」と，決定事項はなんとなく参加者の頭に残っているのに，決定事項が動いていない。そういうことがときどきあります。適切なフォローがあって初めて，会議の成果は組織のパワーを発揮させるものとなるのです。参加者が，会議やミーティングの結果のチェックとアクションをとる第一歩は，参加者が参照できる形での記録の共有です。

1）議事録，ミーティング・メモの作成

会議のフォローとしてファシリテータが最初に行うべきことは，「議事録」または，「決定事項のメモ」を作成して，参加者に配布することです。

議事録やメモは，会議の結論を関係者が再確認して，実行を促進する効果を持ちます。参加者が後から振り返って，実行すべきことを確認できるよう，決定事項を文書で残しておくのです。

また，議事録があれば，後になって，解釈が分かれたときに「言った，言わない」の話ではなく，議事録を確認することで決着できます。

議事録には鮮度も大切です。記憶が薄れてしまった頃に，「確認してほしい」と言われても，相手は困るでしょう。記憶をたどって決定事項を進め始めてから，議事録をもらっても遅すぎます。

議事録の書き方を簡単に説明しておきます。決定事項メモなら「ミーティング・メモ」などとします。

議事録やミーティング・メモに記載すべき特に重要なことは，次の3つです。

①話し合いのテーマ（全体のテーマ，サブ的なテーマ）
②合意事項・決定事項
③実行計画（担当者，期限）

さらに，「日時・場所・出席者」などと，「主な議論のポイント」まで記載してあれば議事録として完璧です。通常の会議の議事録では，誰が何を発言したかまで書く必要はありません。

書き方のポイントは次のような点です。

・主観的評価を交えない，事実に基づく客観的な内容
・数量や日時などの数値は，具体的かつ正確に
・箇条書きで簡潔に
・できれば，論点を拾って読むだけで話し合いの全体像がわかるように

２）決定事項のチェックとアクション

　議事録を出しても，それだけで，決定事項が予定通り順調に進むことばかり
ではありません。決定事項が実行されているか，予定通りに進捗しているかま
で，フォローしなければ十分とは言えない場合もあるのです。

　決定事項のその後を見届けるのも，進行を担当した人の責任です。

　コンセンサスの通りに物事が動いていって初めて，組織としての成果が得ら
れるわけですから。フォローの担当を別に決めてもかまいませんが，ファシリ
テータが責任を持つようにしましょう。

　実行の役割分担をもとに，スケジュールの節目やアウトプットの時期からの
逆算で，担当者に「念のため」といって確認するだけでよいのです。間接的で
すが，次回会合の案内を早めに出して，「当日までの準備依頼」として実行を
促す手も使えます。

　会議の決定事項を推進する上で，参加者以外の関係者が鍵を握っている場合
があります。参加者だけで推進できるような実行計画の場合はよいのですが，
そうでない場合は，決定事項に関する説明，協力依頼，承認なども必要になり
ます。

　参加者以外で，決定事項についての実質的な権限者や実行部隊となる人がい
たら，まずその人たちをリストアップしてみましょう。一般的な進め方は，そ
れぞれの関係者に，決定事項を「説明」するというものです。

　ここでは，別のやり方として，関係者に「ヒアリング」する方法をお勧めし
ておきます。

　自分抜きで決定してしまったことは，自分のこととしては受け止めにくいも
のです。決定事項に関係者を巻き込むためには，自分もその決定に関わったと

いう実感を持ってもらうのが一番です。

　会議の目的と結論，主な論点を説明した上で，実行上の障害や問題点を中心に意見を求めていくのがポイントです。

　「決定ずみ」というニュアンスで話をせず，より確実によりよい成果を得るために，意見をもらうのです。できるだけ，部分的な修正で実行したいが，大きな穴が見つかったら見直しをする，というくらいの言い方をしてもよいでしょう。もちろん，この「ヒアリング」は，会議決定がそのまま組織決定となる公式会議の場合には使えません。その場合には，しっかりした説明をし，実行に向けてのコンセンサスづくりを行うことになります。

　関係者からのヒアリングがすんだら，ポイントをまとめて参加者にもフィードバックをしておきます。

3）フォローアップ会議の設定

　「いつまでに，何をする」という簡単な決定で，成果が見えている場合は，実行状況をフォローすれば大体はそれで十分です。

　半年や1年など，目標を決めて，実行計画を立てて進めている場合には，実行段階で思わぬ障害や問題点が浮上してくることがあります。環境変化により，目標自体を修正しなければならないこともあるでしょう。そうした場合には，あらかじめ，フォローアップ会議を設定しておいたほうがよいでしょう。軌道修正がある程度想定されている場合は，先にフォローアップ会議を予定しておいたほうが，参加者の納得感が得やすいからです。

　フォローアップ会議には，決定事項をもとに，PDCAサイクルを回すという意味があります。したがって，フォローアップ会議で扱うテーマとしては，次のような点検項目があげられます。

・計画は，予定通りに進捗しているか。進捗していないとすると，障害要因は何か，どんな対策が可能か
・目標が達成されたか，未達の場合の要因は何か。何を改善すれば達成できるか。または，目標自体の問題点は何だったのか
・実行してみて，期待した効果はあがっているか。効果が出ていないとすると，どこを変える必要があるか

3節　ファシリテーションとチェンジ・エージェント

1．チームのファシリテーション

　会議のファシリテーションのスキルは，プロジェクトや組織全体へと応用することができます。組織全体の変革を行う場合のファシリテータは，チェンジ・エージェントとも呼ばれます。

　継続的なプロジェクト全体を推進するファシリテーションとして，「目的達成に向けて集団の活性度を高め，情報やアイデアの創出・検討を行い，合意形成を図って，着実で意欲的な行動を支援する」ことは，1回ごとの会議の場合とまったく同じなのです。ただし，集団が目的を達成するまでの行動プロセス全体を促進するため，少し長い期間を視野に入れ，複数の会議やミーティングを設定することが必要になります。

　ポイントは，一連の会議の段取りをつけて，1回ごとの会合のファシリテーションとフォローを的確に行うことです。つまり，今まで学んできたファシリテーションのスキルを応用し，1回ではなく，「一連の会議」の設計を行い，PDCAサイクルを回し続けることが集団の目的達成促進につながるのです。この一連の会議の段取りを，「プロセス・デザイン」と呼び，1回ごとのそれを「プログラム・デザイン」と呼ぶこともあります。

　各回のアジェンダを設定する「プログラム・デザイン」に対し，「プロセス・デザイン」では，毎回のテーマを設定することになります。

　例えば，以下のような組織による問題解決や課題達成の活動の流れをデザインし，鍵となる節目ごとに適切なテーマの会議・ミーティングを設定するのです。

　　・業務改革のプロジェクトを推進する
　　・業務処理システムの構築や見直しを行う
　　・人事制度や諸規程などの設計・改定を行う
　　・年度目標を達成する／年度計画を実現する

・部門間で恒常的に解決が求められる問題を継続的に解決する
・新規事業分野を決定する／新しいビジネスモデルを構築する
・あるテーマについて，チームで調査や分析を行って，報告書を作成する

　さて，それでは，これらの組織的な活動を効果的に行うためには，どんなことが求められるでしょうか。チームとして動くプロセスに注目して，何が必要かを考えてみましょう。

　これらの組織的活動は，コンテント面から見ればまったく性格の異なるものですが，プロセスのデザインという視点からは，共通して次のようなことがポイントになります。

・チームの目的や達成基準を明確にする
・チームの結束を固め，チームとしての一体感を持つ
・いつまでに何が必要か，大枠のスケジュールを決めて共有する
・必要な情報や知識を収集・分析し，あるいは学習する
・検討すべきテーマを細分化し，1つひとつのテーマについて知恵を出し合って，よりよい方法や案を生み出し，合意する
・生み出された方法や案を実行するためのアクション・プランを作成し，役割分担を決める
・決定したアクション・プランについてのPDCAサイクルを回す

　これらをよく見ると，1回ごとの会議とそのフォローで行うべきことと非常によく似ています。単純化した言い方をすれば，プロセス・デザインのファシリテーションは，大きなテーマで設計する1回の会議を，一定期間ごとに分割したものと捉えられるのです。

　では，実際のプロジェクトのデザインはどんなイメージで行うのでしょうか。まず必要なのが「いつまでに，どのような結果を求めるか」を踏まえた，各回の会議・ミーティングの大まかなスケジュールと各回の会合の位置づけやおよその目的の決定です。

　参考までに，半年ほどかけて事業戦略の見直しを行うプロジェクトのファシ

リテーションを想定した段階の踏み方のイメージを以下に掲げておきます。

・プロジェクト立ち上げの打ち合わせ（数回）

　　プロジェクト・リーダーなどとミーティングを持つ。プロジェクト・メンバーの選択やプロジェクトの目的・成果イメージ，進め方について，プランを出してよく相談する。また，プロジェクトの進行中も適宜同じメンバーで進め方や方針などを相談する。

・第1回（キックオフ・ミーティング）

　　プロジェクト・メンバーによる問題点洗い出しの会議を行い，戦略見直しの必要性についての意識喚起や問題意識の共有化を図る。

・第2回（2週間後のフォロー・ミーティング）

　　第1回のミーティングで提起された問題をファシリテータが整理して提供。プロジェクトとしての優先順位づけを行う。また，問題解決と戦略立案に向けて必要な調査や共有すべき知識・情報を明確化する。立案や調査などの役割分担を決め，分科会ごとの次回までの検討テーマを割り振る。各分科会の第1回の日程を決める。

・第3～5回（月次の報告・検討会）

　　各分科会からの報告を受けて，プロジェクト全体で検討を行う。具体案の各論を練り上げる。簡単に実施可能なものは関係者の合意を得てトライアルを行う。

・第6～7＋a回（戦略の取りまとめ）

　　具体案の全体を報告書として取りまとめる。優先順位やフィージビリティ（実現可能性，必要な予算措置など）を検討し，アクション・プランを練り上げる。継続検討課題についての取り組みを整理する。

2．チェンジ・エージェント

　これが組織のファシリテーションになると，組織全体について変革を扱うことになり，部門間の問題の調整や解決に手腕を発揮する必要も出てきます。

組織のファシリテーションを担うチェンジ・エージェントには，高度なスキルと豊富な経験を持ち，組織のビジネス全般と組織文化を十分に理解することも必要となります。参考までに組織変革の流れにもふれておきます。スキルとしては，会議やプロジェクト・チームのファシリテーションの延長にあることがわかると思います。

　組織を変革するためのアプローチとしては，レヴィンの3段階の変革プロセスのモデルをベースに考えると理解しやすくなります。

　レヴィンの3段階モデルでは，第一段階として，現在の行動を解凍（unfreezing）することがあげられています。例えば偏見を持っているという現状の解凍策としては，一連の感受性訓練に参加することなどがあります。第二段階としては，社会システムを現在のものから新しいレベルへと移行（movement）させるための行動がとられます。そして，第三段階として，再凍結（refreezing）で新しい行動変化にもかなり持ちこたえられるようにするプロセスの確立があげられています。

　これを組織変革についてより一般化すると，次のようなプロセスになります。チェンジ・エージェントはこのプロセス全体を支援します。

【解凍】

診断：現在の状況と変革のニーズを明確にする。クライアントが現状の問題に
　　　気づき，変革の必要を認識する（チェンジ・エージェントが外部の場合
　　　は契約を結ぶ）。

【移行】

チーム編成：協力して変革に向けた行動をとるチームを作り，チームの一体感・
　　　　　　意欲を高める。チーム以外の重要な関係者を巻き込む方法を検討する。

目標設定：何を変革すべきか，どの程度変革すべきか，どこにどのような方法
　　　　　で介入すべきかを決定する。変革後の新しい状態や条件を明らかにする
　　　　　（規範などの文化的側面，使命や目的，組織の構造などの要素も考慮する）。

変革戦略：目標実現への代替案の検討や道筋の検討を行う。現在から将来への
　　　　　転換を管理する実行計画を策定する。

変革行動：変革に向けて作業する。新しい組織構造や制度の導入，トレーニン
　　　　　グプログラムの実行などを行う。

【再凍結】

変革の定着：活動状況を評価し，新しい状態を安定化させ，柔軟性とのバラン
　　　　スをとって定着させる。変革行動のときのエネルギーを持続させるため
　　　　の工夫を行う。

自律的運用：チェンジ・エージェントなしで変革が定着し続けるようにする。
　　　　社内専門家の養成などを行う。

4節　ファシリテーションの練習法

　ファシリテーションの練習は，最初は4〜6人ぐらいの少人数で行うことを
お勧めします。交代で，ファシリテータ役を担当し，振り返りを丁寧に行うこ
とで，実用的なファシリテーションのスキルが身につきます。

　振り返り用には，練習セッションを録画しておくと，さらに効果的な振り返
りが行えます。

1．コーチングのフレーム「GROW モデル」を活用した問題解決会議

　現実の社会で，ファシリテーションが活用されるのは，会議の場です。

　企業では毎日のように，数多くの会議が行われています。企業組織の生産性
を高めるためには，会議が不可欠なものと考えられているからです。そして，
機能面から見た会議の目的には，次の4つがあると言われています。

　①伝達するための会議

　　情報の伝達と確認のための会議です。企業トップが決定した事項を，組織
の構成員に示達する朝会などが典型ですが，下から上への報告会議などもこ
れに含まれます。

　②調整のための会議

　　組織全体の目標を達成するための，部署間等の動きについての情報共有や
調整のための会議です。

③決定のための会議

　役員会など，組織としての行動を検討した上で，最終的に意思決定するための会議です。

④問題解決のための会議

　その組織に顕在・潜在する諸問題を，解決するための会議です。課題状況についての現状分析や，解決のための対策アイデアの検討が行われます。

　これらの会議のうち，ファシリテーションが最も役立つのは，4番目の問題解決のための会議です。

　第3章2節2.(5)で，フレームを使った質問「GROW モデル」を紹介しました。実は，この「GROW モデル」は，問題解決の思考プロセスを，そのまま「質問のスキル」に置き換えたものです。ですから，問題解決のための会議のファシリテーションの練習には，この「GROW モデル」というフレームを活用することを筆者はお勧めしています。

　「GROW モデル」を使った，会議ファシリテーションの練習は，前述したように4〜6人程度の少人数で行います。練習は以下の手順でやってみましょう。

①メンバーを集め，議論する「問題」を設定する

　問題は，何でもかまいませんが，全員に共通の認識があるもののほうが，練習としてはやりやすいと思います。「発言の少ない会議を活性化する」とか，「就活に向けてモチベーションを高める」など，参考にして設定してみてください。

②シート（A4，1枚）を用意し，個人別に自分の考えを書き出す

　その「問題」について，練習メンバーそれぞれが感じている「現状（R）」「目標（G）」「対策（O）」「意思決定（W）」状況を，事前に書き出します。

③ファシリテータ担当を決める

　4人の場合であれば，4つの討議ユニット「現状分析」「目標設定」「対策検討」「組織（チーム）としての意思決定」についてそれぞれがファシリテータを担当することになりますので，その役割分担を設定します。練習メンバー数が，5人以上の場合は，最後の振り返りユニットのファシリテータを4ユ

ニットのファシリテータ以外が担当するようにします。

④時間配分を決める

　ファシリテーションの練習を行う場合，１つのユニットの討議時間は15分程度とします。引き続きユニットごとに，ファシリテーションについての10分程度の振り返りを行いますので，練習時間は１ユニットで25～30分となります。ですから，４ユニットのすべてを一度に行おうとすると，２時間以上かかることになりますので，ユニットごとに練習してもかまいません。ただし，時間があくと前回の発言内容を忘れてしまうことも多いので，数日以内には，次のユニットの練習をするようにします。

⑤アイス・ブレイキングあるいはウォーミング・アップ

　最初のファシリテータは，「現状分析」の議論の進行役を担当します。事前シートの内容の共有に，いきなり入る前に，口慣らしのアイス・ブレイキングとして，「昨日の晩御飯のメニューと，食後の感想」などを入れてもよいかもしれません。

　あるいはウォーミング・アップとして「今回のファシリテーション練習会に期待すること」などを，一人１分程度で話してもらうことも効果的です。

　アイス・ブレイキングやウォーミング・アップのときも，参加者の発言が終わったら，笑顔で拍手することを忘れないでください。拍手は，承認を表す行動で，あらゆる場面の活性化に機能します。よいファシリテータになるということは，拍手上手になることと考えてもらってもよいくらいです。

⑥セッション１（「現状分析」のファシリテーション）

　ファシリテータは，発言者を指名して，参加者それぞれのシート内容の共有を行います。「発言したい人からお願いします」と，自発的発言を促す方法もありますが，最初のセッションは緊張している人が多いので，そこで時間がかかってしまう場合もあります。

　ファシリテータは，発言者からのキーワードを模造紙かフリップチャートに書き出していきます。書き出すことは，参加者の承認であり，発言者に安心感を提供します。また，他のメンバーからの質問や意見などを出しやすくするためにも，必ず書き出します。少人数での練習であれば，Ａ３の白紙シートなどに書き出してもかまいませんし，パソコンとプロジェクターを使って，

画面に映し出す方法もあります。そのままファイルを保存すれば，参加者に事後に配信することができます。

　参加者には，各人2分程度で自分の意見を紹介してもらいます。ファシリテータは，自分の意見の紹介は最後にするようにします。全員の意見が共有され，いくつかのキーワードあるいはキーフレーズが書き出されたら，全員で自由に議論して共通の意見や対立する見解などを整理します。いわゆる「まとめ」ですが，「まとめ」のフレーズとして書くときは，ファシリテータは参加者に，「これをまとめとしてよいですね？」と，同意をとるようにします。

⑦セッション1（「現状分析」の振り返り）

　15分のファシリテーション・セッションが終了したら，振り返りを行います。全員の意見がしっかりと共有できたか，安心して質問や発言ができたか，適切にまとめが行われたか，拍手による承認メッセージが機能したかなどが振り返りのポイントです。表4-1のような，振り返りシートを使う方法もあります。

　ビデオカメラやスマートフォンで，その練習セッションを録画しておいて，再生しながら振り返りを行うとさらに効果的です。

　振り返りでの改善点は，次のファシリテーション練習のときに役立てましょう。

⑧セッション2〜4（「目標設定」「対策検討」「意思決定」）

　「現状分析」が終わったら，引き続き，「目標設定」「対策検討」「意思決定」についてのファシリテーション練習と，振り返りを行います。

　基本的に「現状分析」「振り返り」と同様の手順で行います。最後の「意思決定」では，今回の練習メンバーが実行できる，対策アクションを決定し，相互の約束として，実行状況をフォローするとよいと思います。

2．オンラインでのファシリテーション練習法

　オンラインでのファシリテーション練習にも，「GROW モデルを活用した問題解決会議」のフレームを使用するのが効果的です。進め方は，リアルな練習法と同じなのですが，個人の意見の共有やキーワード，キーフレーズの書き出

表4-1　「振り返りシート」の例

実施　　　　　年　　月　　日	※セッション　□現状分析　□目標設定 　　　　　　　□対策検討　□意思決定
問題テーマ	ファシリテータ　　　　　　　さん メンバー氏名
□　4　全員の意見はしっかりと共有され，発言は活発だった。 　　　まとめも適切に行われた。参加していて，楽しかった。 □　3　おおむね意見は共有されているが，発言あるいはまとめにかたよりがあった。 □　2　参加者の発言に対して，拍手が少なかったために，承認感覚が得られなかった。 □　1　参加者の発言が少なく，質問も不活発だった。進行役が焦ってしまい，空回りな討議に 　　　なった。	
ファシリテータ役へのメッセージ（自由記述） 	
参加者としての自分自身の行動の振り返り（自由記述） 	

しには，画面共有の機能を使用することになります。

　また，現実の会議で参加者の人数が多い場合には，その会議システムに付帯している討議室機能などを使って，少人数での討議を行うことになります。

　オンラインでの練習時には，マイクとヘッドホンがセットになった，ヘッドセットなどの準備も必要になります。スマートフォンやタブレットでも，オンライン会議機能は使用できますが，できるだけ WEB カメラを別付けしたパーソナル・コンピュータを使用することをお勧

めします。

コラム：「テレ・コミュニケーション」の時代

「tele ＝テレ」は，ギリシャ語の「遠く」に由来する接頭語です。この「テレ」がつく何かが登場するたびに，社会は変わってきました。

・テレスコープ　遠くが見える望遠鏡の登場については諸説がありますが，15世紀には存在していたようです。テレスコープは大航海時代を生み出しました。
・テレフォン　音声を電気信号に変え，離れた場所に伝達し，これを再び音声に戻すことで会話ができるのが，電話です。これも発明者は諸説ありますが，19世紀にヨーロッパやアメリカでいろいろな実験が行われて，ベルによって，本格的に実用化されました。遠く離れた人と，コミュニケーションができることは，コミュニケーションのありようを大きく変化させたはずです。電話という機器群は，その後，文字も送ることができるテレックスやファクシミリなどが加わり，携帯電話やスマートフォンに発展して，私たちの生活を変えてきました。
・テレビジョン　1842年にイギリスのベインによって，その原型が考案されたといわれています。前述のファクシミリなどもここから始まったといわれています。日本では1953年からNHKの放送が始まっています。筆者の家に，初めてテレビ受像機がやってきたのは3歳のときですから，1958年ですね。テレビジョンは，家庭内のコミュニケーションのありようを一変させています。
・テレワーク　そして，COVID-19がきっかけとなり，日本でも在宅でのテレワークが当たり前になりつつあります。

筆者自身も毎日，インターネットで起案書類に目を通し，決裁をしています。対話も，電話よりもむしろ，チャット・コミュニケーションを多用するようになりました。毎日のようにオンラインで，テレビ会議や顧客との打ち合わせを行っています。大学授業も，できるだけ対面型のリアル授業を心がけてはいますが，一部

はオンラインに移行しています。

COVID-19が収束したとしても，おそらく「テレ・コミュニケーション」による「テレワーク」は，今後もビジネス・コミュニケーションの主流になるはずです。

第 5 章

企業社会と目標管理,
リーダーシップの心理学

～企業に入ると必ず出会う「目標管理」と「リーダーシップ」～

　前章のチェンジ・エージェントの項で,オーガニゼーション・スキルとして組織に対するファシリテーションについて簡単にふれました。

　チェンジ・エージェントという大きな役割以前に,組織を動かすリーダーとしての行動のあり方についても心理学は大きなヒントを与えてくれます。

　また,組織の人事部門は,組織の人間的な側面への働きかけや管理を担い,モチベーションの維持と向上を大きなミッションとしていますが,心理学の知見は,そこでの施策にも生かされるものとなっています。

　そこで,本章ではまず,現在の人事管理の中で大きな役割を担っており,社会に出て最初に出会う目標管理制度の話をきっかけに,動機づけやリーダーシップの理論を紹介していきます。

1節　目標管理と動機づけの心理学

1．どの会社にも必ず存在する「目標管理」

　企業に入って1年程度たつと,たいがいは年度の初めに「目標」設定をして,半期ごとに達成状況の振り返りや評価を行うことが求められます。

（1）目標管理のタイプ

　この目標管理には様々なタイプがあり,例えば,次のように分けて捉えるこ

とができます。

　①マネジメントを充実させるための「目標による管理」

　②人事制度のサブシステムとしての「業績評価のための目標管理」

　③予算と連動した「ノルマの割り付けとしての目標管理」

　④能力開発やモチベーション向上を目的とする「目標面接制度」

　これらは明確に分けられるものというより，どの色彩が強いかという特徴もありますが，それぞれの特徴は，次のようになります。

1）目標による管理（Management by objectives：MBO）

　目標を使って自分の仕事を自己管理することに主眼があります。経営管理者は，事業上の目的を達成するため，目標を使って自らの仕事を管理します。上位の目標を達成するために求められる貢献について，管理職，一般社員が上位目標と連鎖した目標を立てて，自己管理していきます。期待される効果としては，企業の戦略がブレークダウンされ，現実化すること，個人の自律性を促進し自発性や創造性を生み出すこと，働く人が目標を持ちそれを達成していくことで仕事に充実感を持つことなどがあげられます。直接人事評価に連動する場合と人事評価の参考程度とされる場合があります。

　本格的な運用を目指す場合には，図5-1のような目標の連鎖が図られます。

2）業績評価のための目標管理

　成果主義人事制度のもとで，成果・貢献の大きさによって報酬を決めるための業績評価の指標として，目標とその達成度を用いるものが現在多く行われて

　　　　　　　　┌─────────────────┐
　　　　　　　　│　経営ビジョン・経営計画　│
　　　　　　　　└─────────────────┘
　　　　　　　　　　　↓　　　（部門の参画）
　　　　　　　┌──────────────────┐
　　　　　　　│　部門目標：（部門の役割・使命の検討）　│
　　　　　　　└──────────────────┘
　　　　　　　　　　↓　　　　　（下位管理者の参画）
　　　　　┌────────────────────┐
　　　　　│　職場目標：（課やチームの役割・使命の検討）　│
　　　　　└────────────────────┘
　　　※貢献対象，期待される貢献内容，貢献方法等を検討
　　　　　　　　　↓　　　　　（職場メンバーの参画）
　　　┌──────────────────────────┐
　　　│　個人目標：役割の検討，現状分析，目標設定・実行計画策定　│
　　　└──────────────────────────┘
　　　　　　　　↓　　　　　（上司とのすり合わせ）
　　　　┌─────────────────┐
　　　　│　進捗管理・達成度振り返り・上司の指導　│
　　　　└─────────────────┘
　　上司の指導（勇気づけ励ます，仕事を教える，コーチングする）

❶図5-1　目標の連鎖

います。

　大きく分けると，①「目標による管理」に近い目標を設定し，それを評価に用いるもの，②評価を行うために業績をはかる指標として目標設定をするものがあります。

　①の目標による管理タイプのしっかりとした目標設定が行われ，目標に基づき仕事の担当者自らが管理のサイクルを回せば，目標達成の結果により，担当者の組織貢献度合を評価することに納得性が生まれやすいでしょう。

　②のタイプでも理論的バック・グラウンドとしては１）の「目標による管理」が参照されることが多いですが，評価制度の一部として手続き化・形骸化していることも多くあります。このタイプでは，自主性を尊重して自分で仕事の目標を立てて上司のチェックを受けるものや，客観性を重視して数値目標の枠組みを先に定めるものなどがあります。自主性の尊重を強調すると，目標の仕事離れが生じやすく，容易に達成できる目標を立てたり，意欲的で高い目標を掲げた者の評価が低くなったりしやすくなります。客観的評価のための数値目標にこだわり，達成すべき数字を割り付けると３）のノルマ割り付けに近づきます。

３）ノルマの割り付けとしての目標管理

　営業・販売力が競争力の鍵である企業等で，より高い数値的成果を求めるために，各人の数値目標を設定し，その達成に向けて目標を使った動機づけを行います。２）の成果主義型の目標を客観化し，数値目標ですべてをはかろうとすると，その意図がなくてもこのタイプとなりやすくなります。目標を達成したときの達成感などは得られ，目標達成に向けて駆り立てる動機づけの効果はありますが，上司が部下の目標を管理することになりノルマ管理と受け止められます。

４）目標面接制度

　成果主義をとらず，部下が期待される仕事の量や質をクリアしたかどうかを問う成績評価を行う場合に，能力開発に主眼を置き「部下に期待し，要求する内容」を合意して目標とするもの，人の成長を目指すために目標を用いてモチベーション向上を図るものがあります。これらの場合の目標達成度は，成果そのものの大きさとは別であり，目標「管理」と呼ばず，目標面接制度と呼ばれ

ていることが多いです。後者では，通常の人事評価の中で，「チャレンジ目標」
や「能力開発目標」を設定するという形をとることもあります。日本の企業で
は，目標面接を行う管理職に対して，コーチング研修を実施することが普通に
なってきています。

（2）目標による管理はドラッカーから始まった

目標による管理（MBO）は，そもそも人事管理のための仕組みとしてでは
なく，マネジメントを充実させる仕組みとして登場しました。

1954年に P. F. ドラッカーが『現代の経営』の中で「目標と自己管理による
マネジメント」（Management by objectives through self-control）という概念
を掲げたことが，今の MBO の原点になっています。

この著作では，「事業を経営するとは，はっきりした，いくつかの目標にそっ
て経営を行うことを意味するものである」という基調を置いた上で，第一線へ
の権限の委譲が，全体の成果を高めるというマネジメントの考え方を打ち出し，
「目標と自己管理によるマネジメント」を新しい経営原理として提唱しています。
なお，ドラッカー自身は，目標による管理の制度の詳細までは論じていません。

ドラッカーは，マネジメントの思想家とも呼ばれる文明批評家的な視点を
持った人でした。「目標による管理」にも，人間と人間集団の意識と行動につ
いての心理的洞察と哲学が含まれています。

ドラッカーの経歴についてふれておくと，彼はドイツで国際法・国際関係論
の博士号をとった後，イギリスに逃れてアナリストやエコノミストの仕事をし，
文明批評を行う雑誌等の寄稿者，著作家となり，アメリカに渡った後，33歳で
産業社会の分析と将来像の提唱を行う『産業人の未来』を発表します。その著
書を読んだ GM 幹部の依頼で，GM のコンサルティングを行ってマネジメント
の問題についての見識と関心を深め，40代の初めからは経営学の教授となりま
した。あるべき社会の姿を探る視点を持って，現実の大企業の分析・支援を行
う経験の中から組織論・経営論を打ち出したところから「マネジメントの思想
家」と呼ばれ，日本の企業経営にも大きな影響を与えました。

では，ドラッカーによる「目標による管理と自己統制によるマネジメント」
とはどういうものか，長い引用になりますが，まず，『現代の経営』の該当部
分を読んでみましょう。

　「今日企業が必要としているものは，1人ひとりの人間の強みと責任を最大限に広げるとともに，彼らの視野と努力に共通の方向性を与え，チームワークを発揮させるようなマネジメントの原理である。そして，彼ら1人ひとりの目標と共同の利益を調和させるようなマネジメントの原理である。これらのことを可能にする唯一の原理が，目標と自己統制によるマネジメントである。目標と自己統制によるマネジメントだけが，共同の利益を1人ひとりの経営管理者の目標とすることができる。この原理が外からの統制に代えて，より強く，より多くを要求する内からの統制を可能にする。この原理だけが，指示や命令だけではなく，仕事のニーズによる行動への意欲を起こさせる。だれかの意思に従ってではなく，自ら行動しなければならないという自らの決定によって行動させるようになる。換言するならば，自由な人間として行動させるようになる」

（『現代の経営』ダイヤモンド社新訳版より）

　コントロールの訳語は「管理」となっているが，マネジメントの訳語の「管理」とまぎらわしいので，旧訳版の「統制」に置き換えた。

　ここで語られていることは，経営管理者が経営課題を解決するためチームとして組織の目標を設定し，その達成プロセスを自らがコントロールすることで，自律的な責任を拡大し，人の意欲を高め，強みを発揮させることが求められているということです。
　また，目標による管理が意欲を高めることについてドラッカーは，「経営管理者がそれぞれ自分の行為を自ら統制することが可能になると，自己統制はより強い動機づけをもたらし，適当にしておこうという考えではなく，最善を尽くそうという熱望を持つことにつながる」としています。

コラム：マネジメント革新提唱の背景となった古典的管理論
　産業革命以降，社会の変化はマネジメントの必要性をもたらしました。
　それ以前は，商業や工業では，地域社会の中で地縁・血縁の集団や，親方と徒弟という疑似家族的な関係の中で仕事をするため，マネジメントのスキルは問われませんでした。また，大規模組織である軍隊や教会では階層化とコントロールによる組織運営がなされていました。
　それが産業化の進展により，大規模な工場での大量生産が行われ，都会に働き

に出てきた多様な人々をうまく使う必要が出てきました。

　そこでマネジメントが必要になったわけです。初期のマネジメント理論としては，1920年代に打ち出されたF.テーラーの科学的管理論が広範な影響を与えました。

　テーラーは，製造工場の徒弟からキャリアをスタートし，機械工，管理者としての経験を積み，工学修士も取得した人です。テーラーの科学的管理は，課業（一日に達成すべき，最大＝標準の作業量）の設定のための時間分析（要素動作の最適化，機械・用具の標準化を経た標準時間の設定），職能別の職長制，課業達成に対する出来高払いの賃金などからなるものでした。

　もう1人の初期の重要人物は，H.ファヨールです。ファヨールは鉱山技師から経営者になり高い成果をあげた人で，その実践的な経験の中で管理者教育の必要性を強く感じ，管理の一般理論構築を自らの課題としました。

　ファヨールは主著『産業ならびに一般の管理』で，企業の経営には管理が最も重要であると指摘し，管理の原則や要素などを論じました。

　ファヨールは，そもそも管理とはどうあるべきかを特に重要視し，「管理とは，計画し，組織し，指揮し，調整し，統制するプロセスである」と定義しました。ここでの「計画」とは，将来を予測し，それに対応する計画を作ること，「組織」は，計画実行に備えた人的・物的組織を備えること，「指揮」は，組織の人的資源に機能を発揮させること，「統制」は，計画と指揮にそった実行を確認し一致させること，「調整」はそれぞれの活動を関連づけ調和させることを意味しています。

　ドラッカーの唱えたマネジメントの革新は，外からの統制に代えて，目標と自己管理を置くという文脈にあります。

　なお，ファヨールは経営の原則として，指揮・命令の一元化をあげました。これは，仕事の担当者は，必ず単一の管理者の指揮命令を受けるべき，とする原則で今日の組織論にも継承される考え方となっています。また，創意（イニシアティブ），すなわち，組織のすべての階層に，計画を立案し実行する自由を与えることで，士気を高めるという原則もあげており，継承はされなかったものの目標管理につながる主張も行っています。

（3）マグレガーによる目標設定と自己統制の主張

　ドラッカーの目標による管理の思想にも，「動機づけ」という観点が色濃く打ち出されていましたが，なぜ動機づけが強まるかは，自明のこととして理論づけは行われていませんでした。

　そこに理論的背景を与えたものに，D.マグレガーのY理論があります。マグレガーは，社会心理学者から経営学者に転じた人で，組織目標と個人動機の関係についてのモデルを提示しました。1960年に出版された『企業の人間的側面』では，人間の欲求やモチベーションについてのA.マズローのモデルを受けて（その内容は本節2.で改めて紹介します），低次欲求が満たされた社会的欲求や自己実現欲求の段階の人間には，アメとムチ型の管理は有効ではないと主張しました。

　マグレガーは，低次欲求段階に対応する古典的な命令やコントロール，強制による管理をX理論による管理とし，「個人の成長欲求や自己実現欲求の充足」と，組織目標の達成とを統合して実現するY理論に基づく管理を行うべきであるとしました。

　そのY理論の中では，従業員による企業の繁栄のための自主的な目標設定と，自己統制や参加が重視されました。そして，そこでの目標が押しつけられるものであれば自己実現にはつながらず，納得が得られないため，目標は望ましい方向性を提示した上で，それに対してどのような努力をするかは自主的に決めさせるのがよいとしています。また，目標達成のプロセスでは自己統制できるよう，必要な権限委譲を行うことを求めています。

（4）日本の目標管理の歴史

　ここで少し，わが国での目標管理の導入についてふれておきましょう。

　ドラッカーの著作の出版を受けて，1950年代後半には，いくつかの大企業で目標による管理の取り組みが先駆的に行われました。内容的には最初にあげたタイプでいうと①の「目標による管理」を目指すものでした。

　そして，1970年代になると，日本では精力的に行動科学が紹介され，マグレガーのY理論における目標管理の「人の成長を図る」という観点から多くの企業に目標管理が導入されました。この時代は，能力主義，能力開発主義の人事が主流であり，④の「目標面接制度」タイプの動機づけを中心とする目標管理が広く行われました。

　1990年代ぐらいになると，働きがいを追求する上で，働きの大きさにより差をつけた報酬で報われるべき，というアメリカ型の「ペイ・フォー・パフォーマンス」の成果主義の考え方が入ってきました。そこには，能力主義人事での

右肩上がりの報酬上昇を抑制したいという思惑もあり，多くの企業が成果主義を導入し，主流になっていきました。成果主義の人事では，何で成果を図るかということが重要となり，非常に多くの企業で目標管理を使った業績評価が行われていきます。冒頭のタイプでいえば②や③のものです。

ところが，成果主義人事上の要請で目標管理を入れた企業では，評価の納得性が得られず動機づけに結びつかないことや，評価のための目標管理が面倒な追加仕事になっていること，形骸化していることなどの問題も生じ，マネジメントの質の向上や正しい貢献の捉え方を重視して，本来の「目標による管理」を行おうという見直しの動きも起こりました。

なお，日本の成果主義の目標管理では，経営管理者や自由裁量の幅の大きな職種だけでなく，決められた仕事を行う定型作業者にも，目標管理を行うことを求めている場合も多くあります。この点も目標の仕事離れが起こって正当な評価ができないなどの問題につながり，裁量度の低い職種や育成段階の階層では，④の能力開発やチャレンジ型の目標にとどめるか，目標と報酬の連動を引き下げるかといった見直しも行われました。

2．モチベーションの理論

ここまで見てきたように，目標管理は評価や報酬制度と連動して，社員のモチベーションを高めることが大きな目的となっています。マグレガーのところで少しふれましたが，こうした制度の構築に大きく影響したものに，動機づけ理論があります。人事制度の担う中心的なミッションは従業員のモチベーションを維持，向上させることで，人事制度を作って運用する役割を持つ人には必須の知識ともなります。

心理学上のモチベーション理解のアプローチは大きく分けて欲求理論と期待理論に分けられます。欲求理論を代表し，その後の組織変革や活性化の取り組みに大きく影響したのは，マズローとハーズバーグです。

（1）マズローの5段階理論

A.マズローは，心理学者として精神治療の仕事や人格研究を行った人で，1954年に刊行された『人間性の心理学』でその基本的な考えを発表しました。1962年には，ロジャーズらとともに人間性心理学会を発足させたりもしていま

第五段階　自己実現欲求：他者に依存せず，自分の可能性を
見出し成長したい欲求。

第四段階　承認・自尊欲求：個人の自我，地位への欲求。人
からの尊敬や自分への自信。

第三段階　所属・愛情欲求（社会的欲求）：自分にとって意味
のある人に認められたい欲求。何かに所属。

第二段階　安全・安定欲求：安全な環境や将来の保障などの
欲求。生存が脅かされない。

第一段階　生理的欲求：空気，水，食物などの基本的欲求。生
存に必要なもの。

❶図 5 - 2　マズローの欲求 5 段階説

す。

　マズローは，満たされない欲求が，ある目標に向かって個人を導くというプロセスでモチベーションを定義しました。マズローは，人間の欲求は段階的な構造を持っているという欲求 5 段階説を唱えたことで有名です。欲求 5 段階説とは，図 5 - 2 のようなものです。

　マズローによれば，この 5 段階は階層的な構造を持っており，下位の欲求が満たされて初めて上位の欲求が生じるとされます。そして，第一段階から第四段階までは「欠乏動機」であるとされ，欲求が満たされればその欲求は消滅するのに対し，自己実現欲求は「成長動機」として，満たされれば満たされるほど欲求が強まっていくものとされました。

　マズローのこの仮説は，マグレガーのY理論に大きな影響を与え，従業員の自己実現欲求や成長欲求にその後の人事管理が基礎を置く仮説ともなりました。また，第 3 章でふれたように「コーチング」の基本信条にも大きく影響しています。

（2）ハーズバーグの二要因理論

　F. I. ハーズバーグは，臨床心理学者としてピッツバーグ心理学研究所で職務態度の研究を行う中で，職務満足と職務不満の要因を実証的に分析しました。実証研究は質問紙法で「仕事でよい気分を感じたとき（悪い気分を感じたとき）とその出来事を書いてください」と求め，何が職務満足・不満足につながる要因であるかを見出そうとするものでした。

そこでの発見は，職務満足につながるのは，「達成感」「達成の承認」「仕事そのもの」「責任」「昇進」「成長感」などの内的要因が多いということでした。これらは，先にふれたマズローのモデルでいえば自尊欲求・自己実現欲求に対応するものになると言えます。

　反対に職務不満につながるのは，「会社の管理」「監督方法」「対人関係」「給与」「労働環境」「保障」といった外的要因だとわかりました。これは，マズローでいえば安定までの下位欲求に相当します。

　ハーズバーグは，前者を成長創造的な「動機づけ要因（motivator）」と名付け，後者を苦痛回避的な「衛生要因（hygiene factor）」であるとしています。

　この二要因理論で重要なこととして，衛生要因は，不満の要因となるものであるが，その改善は満足をもたらさず，衛生要因に着眼した職務環境の向上は，不満を防止できるだけで，動機づけには寄与しないということがあります。人事管理に対する含意としては，よい職場環境やよい給与というのは衛生要因で，それを提供しないことは不満につながるが，職務満足や意欲には直接つながらないということになります。

　そして，ハーズバーグによれば，仕事そのものが動機づけの最も大きな要因になるとされ，職務を充実させるために求められるものとして，職務拡大や個人を成長させる可能性のある職務，あるいは職務そのものの魅力などをあげています。この考え方も，目標管理や仕事の配分に関する管理者教育，組織の設計などに対して，示唆するところが多いものです。

（3）ブルームの期待理論

　なお，期待理論では，産業・組織心理学のV. H. ブルームの理論が，目標設定や人事制度の設計に示唆を与えてくれます。

　ブルームは，ハーズバーグの言うような職務の条件は同一でも，同一の職務集団でよりよく職務を遂行しているかどうかの業績には，個人差があることに着目しました。

　そして，ブルームは，業績は，モチベーションと能力をかけ合わせたものであると捉え，モチベーションは誘意性と期待という概念で説明できると考えました。誘意性とは，仕事の結果得られるものに，個人が感じる魅力のことを指しています。期待は結果がもたらされる可能性の期待です。

　簡単な例をあげれば，評価による昇給という結果に高い魅力を感じる人が，高い評価を得られる可能性が高いという期待を持てれば，モチベーションは高くなるということがあります。また，仕事の達成感や自らの成長に高い魅力を感じる人は，昇給などの外的報酬にかかわらず，目標達成や自己の成長の可能性が高ければ，その仕事にモチベーションを持つということになります。

　これを目標設定にあてはめると，まず，目標は達成することに魅力があるものでないといけない，ということになります。そして，次に達成できることが期待されることが条件になります。こうすれば達成できるのではないかという具体的な見通しと，それが自分にできそうだという見込がある目標の設定が重要だということになります。

　また，モチベーションを高めるための人事制度は，魅力ある報酬だけでなく，それが獲得される可能性への期待にも配慮しないと効果がない，というのもこの理論から得られるインプリケーションになります。設計上魅力があると思ったことが，対象とする従業員にとって誘意性が高いものであるか，どういう層がどれだけ現実的な期待を持てるものであるか，ということが重要になります。かつての年功制度は，勤続を重ねていけば地位や収入があがる，という期待が極めて高いという特徴がありました。成果主義人事では，業績をあげた場合の報酬に力点が置かれがちですが，共通の安定した期待はなくなっているので，どう期待が持てるようにするのかが課題であるという示唆も与えてくれます。

（4）デシの内発的動機づけ

　目標管理制度を運用する場合，企業では管理職には「コーチング研修」，一般社員には「目標設定研修」を行うことが一般的です。

　上司側に行う「コーチング研修」は，第3章 One to One のコミュニケーションの心理学で説明した内容を体験学習するものです。筆者も，数多くのコーチング研修を行ってきました。

　一方で，主として部下に行われる「目標設定研修」では，E. デシの「内発的動機づけ」が紹介されることも一般的です。

　　「人が自律的に生きているかどうかの鍵となるのは，自分自身の選択で行動していると心底感じられるかどうかである。それは，自分が自由だと感じる心

理状態であり，いわば行為が行為者の掌中にある状態ともいえる」

　　(Deci, E. L. & Flaste, R. (1995). *Why we do what we do: The dynamics of personal autonomy.* 桜井茂男（1999）．人を伸ばす力—内発と自律のすすめ　新曜社)

　企業における目標管理は，経営課題の実現のために援用される仕組みなのですが，前述の「ノルマの割付」的な運用に陥りがちです。結果的にそれは，社員たちに「やらされている感」を生み出してしまうのです。

　デシは，ハーズバーグの「衛生要因（hygiene factor）」を，外から与えられる報酬（外的報酬）と呼び，これらは内発的モチベーションを低下させることを実験を通じて立証しました。

　社員たちが，会社というプラットフォームを活用して，自分自身の自己実現のための目標を自ら設定することで，モチベーションを高めることができます。目標設定研修では，内発的動機づけ理論を紹介することで，社員自身が，「これは私がやりたいことで，それを私は目標にしている」と，捉えるように仕向けます。「会社からやらされている感覚」を低減させようとしているのです。

2節　リーダーシップの理論

1．目標達成のためにはリーダーシップが問われる

　さて，どこの会社にも目標管理があり，それはどういうもので，どんな理論的背景があるかという話をしてきましたが，皆さんが今後，リーダーの立場になって部下やチームメンバーを持つときには，どう部下のマネジメントをして，目標を達成するかということが問われてきます。

　部下にどう目標設定をさせるか，目標達成に向けて，どう意欲を高め指導をするか，結果をフィードバックしてどう成長に結びつけるかなどは，リーダーシップを発揮する上でのかなめとなります。

　そこで，どうリーダーシップを発揮するかということが課題になります。

　心理学的なリーダーシップの理論は，大きく，リーダーのパーソナリティ特性論，リーダーの行動パターン論，リーダーの状況対応行動論に分けられます。

（ 1 ）リーダーのパーソナリティ特性論

　初期のリーダーシップの理論は偉人論ともいうべき特性論で，成功したリーダーに共通する特性を発見しようというものでした。マキャベリの君主論が君主の備えるべき特性を論じたような流れにあるものです。

　第一次世界大戦から第二次世界大戦後にかけては，能力や素質，責任感などの特性からの，リーダーシップ研究が盛んに行われました。

　ところが，このアプローチでの一連の心理学的な調査の結果は，特定の特性がある状況のもとでは，リーダーシップの効果性と高い相関を示すが，異なる条件が与えられると逆の結果となるというものでした。そこで，このアプローチは，リーダーシップ研究の方法論としては衰退していきます。

コラム：リーダー特性論の現在

　リーダー特性論は，研究としては下火になったものの，軍隊の士官教育では，誠実さや勇気などの士官の備えるべき資質を教育するという形で，実践的には使われ続けていきます。

　書店でリーダーシップの棚に並んでいる本の多くも，偉人論の系譜にある特性論や経営環境に適応するためのリーダーのあるべき論になっています。

　経営学者にとってもリーダーシップ論は避けて通れない分野であり，成功したリーダーの分析からの特性論や，現在のリーダーが果たすべき役割，身につけるべきスキルなどが語られています。

　また，アメリカで登場した「コンピテンシー」という実力をはかる概念は，心理学の専門家の調査に基づき，高業績者の思考・行動特性を明らかにする，という方法で作成されたものが原型になっています。一般的には，コンサルタント会社が企業の主要な職種や階層ごとの高業績者を分析して，コンピテンシーのリストを作成するという形をとります。その中には，リーダーに求められるコンピテンシーというものも掲げられています。

　このコンピテンシーは，アメリカでは主にアセスメントや教育に使われ，それに類似したものとして企業が重視する価値観や行動を簡潔にまとめて評価に使うことも行われています。日本ではコンピテンシーをそのまま評価に取り入れる動きも見られました。

（ 2 ）リーダーシップのスタイル論

　そこで，次のアプローチとして出てきたのが，リーダーの行動パターン，リー

ダーシップのスタイルを分析する動きです。リーダー行動論とも呼ばれます。

　K. レヴィンは，1939年に，「民主的」「専制的」「放任的」に分類されたリーダーシップスタイルが，少年たちのグループの活動の結果に及ぼす影響を研究しました。そこではまず，専制型リーダーのグループでは，メンバーは不満を感じ，民主型リーダーのグループでは，メンバー同士が比較的協力し，放任型リーダーのグループは，不満は示さないが生産的でもないなどの結果が得られました。そして，それぞれのリーダーに本来と違うスタイルをとるよう指示した場合にも，各リーダーシップスタイルの効果は同じようなものになりました。この研究は，民主的なリーダーに利点があるということを示唆するとともに，リーダーは自分のアプローチを変え，効果的なリーダーシップスタイルを取り入れることが可能である，という可能性も示しました。

　その後，1950年頃からは，リーダーシップが持つ2つの基本的側面に着目した研究が多く行われました。

　その2つの側面とは，タスク志向の側面とチームの人間関係に働きかける側面です。研究者によって，それは「課題達成の役割とグループづくりと維持の役割」「課題動機型リーダーシップと関係動機型リーダーシップ」「生産性に対する関心と人間に対する関心」など様々な名称で呼ばれましたが，基本的な着眼点は類似したものでした。

　日本では，レヴィンのグループ・ダイナミクスを紹介した社会心理学者の三隅二不二が，現場の監督者のリーダーシップ行動を因子分析でまとめ，1966年に「P：目標達成機能（Performance function）」と「M：集団維持機能（Maintenance function）」の2つの軸からなるPM理論を発表しています（Pをタスク志向，Mを人間関係志向ということもあります）。

　図5-3でP機能は，目標を明確に示して目標を達成して，タスクを成し遂げ生産性を高める力，M機能は，集団の人間関係を高め，集団をまとめて維持する力を示します。大文字はそれぞれの力が強い場合，小文字は弱い場合を指しています。ここで理想型とされたのは，パフォーマンス機能，メンテナンス機能ともに高いPM型になります。Pm型は成果はあげるが人望のないタイプ，pM型は人望はあるが成果をあげる力は弱いタイプ，pm型はリーダー失格とされました。

集
団
維
持

pM	PM
pm	Pm

目標達成

❶図 5 - 3　PM 理論

　この三隅の PM 理論で，PM 型が最もよいリーダーシップとして示されているように，その他のリーダーシップスタイルの研究でも，スタイルによってリーダーシップの効果に違いがあるという主張が行われました。

（3）リーダーの状況対応行動論

　こうしたリーダーシップスタイル論に対し反論を唱えたのが，状況が変われば適したスタイルも変わり，唯一の理想のスタイルはないという状況理論です。本章では，状況理論の中で，実践的に使いやすい，P. ハーシーと K. H. ブランチャードの「状況対応リーダーシップ理論[R]（Situational Leadership Theory：略称SL理論）[注]」を取り上げて，項を改めて詳しく説明していきます（最初にリーダーと状況の適合関係を分析したのは，1960年代にリーダーシップのコンティンジェンシー理論を提唱した F. E. フィードラーでした）。

　また，リーダーの置かれた状況と，第 3 章で学んだコーチングの活用についてもあわせてふれていきます。

注：状況対応リーダーシップ[R]および S.L.理論[R]は，株式会社シーエルエスの登録商標です。
　　また，状況対応リーダーシップ[R]（Situational Leadership の 4 象限）モデルは，アメリカ Leadership Studies, Inc. の登録商標です。

2．状況に応じたリーダーシップとコーチング

（1）状況対応リーダーシップ理論[R]

　理想のリーダー像があるとする研究に対して反論を行ったのが，オハイオ州立大学のリーダーシップ研究チームでした。そのチームは調査研究の結果，どんな状況にも対応できる万能のリーダーシップのスタイルは存在しないという

認識に至り，周囲の状況に適切に対応できるリーダーが成功すると考えました。

　研究チームの中心だったP. ハーシーとK. H. ブランチャードは，1977年に "*Management of Organizational Behavior*" を発表し，リーダー行動の中で，部下（フォロワー）との関係に着目して，指示的行動（課題志向），協働的行動（関係志向）ついてリーダー行動の4つの基本型を示しました。

　そこで主張されたのは，どのタイプが理想型というのではなくリーダーシップの効果を高めるためには，「部下の成熟度（レディネス）に合わせて，上司はリーダーシップのスタイルを変えたほうが有効だ」ということでした。

コラム：レディネスの概念

　心理学上のレディネスという用語は，発達心理学のゲゼルらの学習準備性（レディネス）の概念を指しています。ゲゼルは，特定の行動を習得するには，その訓練や学習が効力を持つだけの内的な成熟段階に，子ども自身が達していることが必要だということを主張しました。

　ハーシーらは，仕事上のレディネスを，特定の仕事について「自分のとる行動を決める（自分に指示する）責任を負う能力と意欲」と定義しています。

　SL理論でいう成熟度には，能力の側面と意欲の側面があります。能力のレディネスとは，特定の仕事（タスク）を達成する経験・知識・問題解決力などがどれほどあるかのことであり，意欲のレディネスとは，特定のタスクに対してどの程度自律的に達成する意欲を持っているかを指します。この場合の意欲には，不安なく自信を持って達成できる意欲というニュアンスが含まれます。

　この観点から部下のレディネスを分類すると，①低能力・低意欲,②低能力・高意欲，③高能力・低意欲，④高能力・高意欲の4パターンになります。

　もう一方のリーダー行動は，「指示的行動（Task Behavior）」と「協労的行動（Relationship Behavior）」に分類されます。「指示的行動」は，「リーダーが個人・集団に対して，任務・職責を指示することをいい，相手に何を，いかに，いつ，どこで，そして誰が，やるべきかを教示する行動を含む」ものです。一方，「協労的行動」は，「リーダーが双方向のコミュニケーションにたずさわることをいい，傾聴，励まし，行動促進，解説，精神的・連帯的支援などの行

為を含む」ものです。

①〜④のそれぞれの部下のレディネスレベルに対しては，次のようなリーダーシップのスタイルが有効だとされています。

①低能力・低意欲　→　Telling（教示的・詳細に告げる）
　　高指示・低協労で，具体的に細かく指示し，密着した監督を行う。
②低能力・高意欲　→　Selling（説得的・考え方を売り込む）
　　高指示・高協労で，こちらの決定を説明し，部下にも質問の機会を与える。理由・意義を強調することで心理的な売り込みを行う。
③高能力・低意欲　→　Participating（参加的・一緒に考える）
　　低指示・高協労で，考えを分け合い，部下が自分で決定できるよう助ける。部下の発言や意見を引き出したり，励ましたりして仕事に引き込む。
④高能力・高意欲　→　Delegating（委任的・権限を委任し任せる）
　　低指示・低協労で，決定および執行の責任を部下にゆだねる。

これを要約すると，部下の成熟度が高まるほどに「指示」を減らし，「協労」行動を量的にマネジメントするのがよいのです。

（2）部下に合わせたリーダーシップのイメージ

この状況的リーダーシップの理論を概念的に捉えただけでは，現実的なイメージは持ちにくいと思います。そこで，実際に部下を持つようになった場面を想定して，かみ砕いて説明してみましょう（図5-4）。

	<コーチングする>	<指示の意味を説明する>
協労（支援）的行動	低指示 高協労 ③：高能力，低意欲	高指示 高協労 ②：低能力，高意欲
	低指示 低協労 ④：高能力，高意欲	高指示 低協労 ①：低能力，低意欲
	<放っておいてもよくなる>	<タスクを指示する>

指示的行動

❶図5-4　部下に合わせたリーダーシップ

①は，営業マンなら新人の状態です。販売や接客のアルバイトぐらいの経験はあっても，営業活動をする上ではそれは経験とはいえません。やる気はあっても責任を持って仕事を成し遂げる自信はない状態です。

　上司としては，「素人なんだから黙って私の言う通りにやりなさい」という接し方になります。今までの経験はいったん0にして，最初の3か月は毎日2時間電話をしてアポイントをとりなさい，そのやり方はこうですと具体的に指示して，改善点を細かくチェックするような指導というイメージです。

　②は，経験を十分積んで，少し自信も出てきた段階です。自分ではできると思っていても，まだまだ能力アップが必要です。そして，このぐらいになると問題意識があるから文句も言い始めます。「このやり方はおかしくないですか」と言ってくることもあります。

　そこで，しっかりと話し合いをしないといけないのがこの時期です。「君の意見も素晴らしいが，私の経験では，こうしないといけない。その理由はこういうことで……」と仕事のやり方についての意味づけをきっちりして，質問があれば受け付けます。部下が納得して，正しいやり方で意欲を持って仕事ができるように指導することが，この段階の部下への有効な対応方法になります。

　③は上司から見て，十分に仕事をこなしていて，本人にもそこそこ自信があるレベルです。新しい仕事へのチャレンジや新しい役割も求められてきますが，そこにはまだ不安もあります。仕事はできるけれども，もっと上を目指す積極性がほしいという場合もあるかもしれません。

　「君も優秀な営業マンになってきた。部下をつけるから，下の面倒も見てくれないか，リーダーをやってみろ。困ったことがあったら相談に乗るから心配するな」と心理的な支援も重要になります。ここは，コーチングが最も有効な段階です。不安もあるタスクに対して，考えを出し合いながら，部下が自分で自らのなすべきことを決定できるように支援する段階です。ストロークも大切です。

　④はリーダーとしても十分活躍している段階です。「東京で営業所長をやってくれ」「任せてください」という状況です。

　この場合は，基本的には放っておけばよいことになります。信頼して任せて，何かあったら後ろ盾になり，よくやったら賞賛するという対応でよいというこ

とです。

（3）リーダーシップとコーチング

　この4象限モデルで，コーチングの機能が有効なのは狭く捉えると③の段階ですが，広く捉えると④でも有効なものです。部下が任せられた仕事に対して，自分で立てた目標を自分で達成することを，部下を信じながら促進するということにコーチングは機能します。

　企業では，①→②→③→④という成長カーブを早く作って，人材を戦力化することが望まれます。ここで気をつけなければいけないのは，③の段階の部下に対しても高指示のままになると，部下が伸びなかったり，意欲をなくしたりしてしまうことです。

　アメリカではプロコーチを企業が雇うことが多くあります。それは，部下が③の段階に来たときに，自分で指導しようとするとどうしても②の段階の対応になって，つい口を出してしまうということも背景になっています。そこで，プロのコーチを雇って，部下を成長させようということになるわけです。

　さらに言えば，このSL理論のモデルも実践的には役に立つ理論ですが，リーダーシップの考えだけでは，人の行動の変革につながらない面があります。そこで，最近では，リーダーシップの面でもコーチングが脚光をあびてきています。

　軍隊でも産業界でも，すべての重要な情報は最前線にあります。その情報を正しく吸い上げて，末端で最適な判断ができるようにする「人の話をよく聴く」コーチングのスキルが求められているのです。

　近年は，合理的でタフな交渉力が問われるイメージのあるアメリカのトップ企業のリーダーのコンピテンシーにも「人の話をよく聴く」が入ってきており，コーチングで身につく「聴く」力は，リーダーシップを発揮する上でも強く求められるスキルとなっています。

　また，先のモデルで言えば，③の段階だけでなく①や②の段階でも，部下との共感的なコミュニケーションをとるという面では，コーチングの傾聴や質問のスキルが効果的です。

　また，①や②の段階の部下の目標設定と目標達成の支援や日常の指導の中で，部下自らの気づきを促し，行動の変革と意欲を生み出す上でもコーチングは大

きな力を持つものとなるのです。

コラム：声のトーンがすべてを決める

　最後に，これからの組織の中で生きていく人生で役に立つアドバイスを1つ。TAの項（第2章）で学んだCP，NP，A，FCなどのそれぞれの声のトーンを場面や役割に応じて使い分けるとよい人生が送れるということです。

　ペアレントの部分を使う場合，イメージで言うとCPの声のトーンとは，軍隊の指揮官や高校の先生，NPの声は病院のお医者さんや看護師さんです。NHKのアナウンサーや，教科書を読み上げるだけの大学の先生の声はA，お笑いの人などの面白そうな声はFCの声，クレームに対応しているお店の人の声はACの声，というぐらいに捉えてください。

　Aの声は，感情がこもらず，聞き手が眠くなりやすい声なので，私はAの内容をFCの声を使って面白く聞いてもらう工夫をします。交渉ごとで，ここは決めたい，というときには，CPの声を使います。

　人との関係をうまく進めるには，普段からFCの明るく，朗らかな声のトーンを意識して使うことをお勧めします。相手の理性に訴える大事なところでは，声のトーンを落としてAの声を使いましょう。そして，何かを決めたり人を動かすときには，CPの声で自信を持って言い切ります。そして，親身に相談を受けたり，悩みを聴くときはNPの声，本心からお詫びするときには，ACの声のトーンで相手の気持ちを受け止めるのです。相手がCPで怒っているときに，こちらもCPではけんかになりますし，FCで対応したら，火に油を注ぐことになってしまいます。

人名補足および引用・参考文献

初出頁	人名	補足および参考・引用文献
3	ヴィルヘルム・M. ヴント Wilhelm Max Wundt 1832-1920年	ドイツの生理学者，哲学者，心理学者。実験心理学の父と称される。 『心理学　第四版』鹿取廣人ら（編）　東京大学出版会　2011年
3	ジョン・B. ワトソン John Broadus Watson 1878-1958年	アメリカの心理学者。行動主義心理学の創始者。 『行動主義の心理学』安田一郎（訳）　河出書房　1968年
4	バラス・F. スキナー Burrhus F Skinner 1904-1990年	アメリカの心理学者。行動分析学の創始者。 『科学と人間行動』河合伊六（訳）　二瓶社　2003年
4	マックス・ヴェルトハイマー Max Wertheimer 1880-1943年	ゲシュタルト心理学の創始者の一人。 『心理学　第四版』鹿取廣人ら（編）　東京大学出版会　2011年
4	ヴォルフガング・ケーラー Wolfgang Köhler 1887-1967年	ドイツの心理学者。ゲシュタルト心理学の創始者の一人。 『UP 選書　ゲシタルト心理学入門』田中良久・上村保子（訳）　東京大学出版会　1971年
4	ジークムント・フロイト Sigmund Freud 1856-1939年	オーストリアの精神分析学者，精神科医。 『精神分析入門 上・下』高橋義孝・下坂幸三（訳）新潮文庫　1977年
4	ライトナー・ウィトマー Lightner Witmer 1867-1956年	アメリカの心理学者。1896年に「心理クリニック（psychological clinic）」を開設。 『臨床心理学を基本から学ぶ』丸島令子・日比野英子　北大路書房　2004年
5	フランツ・A. メスメル Franz Anton Mesmer 1734-1815年	ドイツの医師。催眠を用いた心理治療を行う。 『精神分析学の誕生—メスメルからフロイトへ』L. シェルトーク＆R. ド・ソシュール（著）　長井真理（訳）　岩波書店　1987年
5	カール・グスタフ・ユング Carl Gustav Jung 1875-1961年	スイスの精神科医，心理学者。 『ユング心理学入門』河合隼雄　培風館　1967年
5	カール・ロジャーズ Carl Ransom Rogers	アメリカの臨床心理学者。来談者中心療法（Client-Centered Therapy）を創始した。

	1902-1987年	『ロジャーズ クライエント中心療法（新版）』佐治守夫・飯長喜一郎（編）　有斐閣　2011年
5	エリック・バーン Eric Berne 1910-1970年	カナダ出身の精神科医。1957年に交流分析（Trans-actional Analysis：TA）を提唱した。 『TA TODAY』I. スチュアート＆V. ジョインズ（著）深澤道子（監訳）　実務教育出版　1991年
6	アブラハム・H. マズロー Abraham Harold Maslow 1908-1970年	アメリカの心理学者。人間性心理学の生みの親とされている。 『[改訂新版] 人間性の心理学―モチベーションとパーソナリティ』小口忠彦（訳）　産業能率大学出版部　1987年
6	クルト・レヴィン Kurt Lewin 1890-1947年	ユダヤ系心理学者。1933年8月にアメリカに亡命し，グループ・ダイナミクス（集団力学）研究所を創設。「社会心理学の父」と呼ばれている。 『社会科学における場の理論』猪股佐登留（訳）誠信書房　1956年
17	ポール・フェダーン Paul Federn 1871-1950年	アメリカの精神分析医。 『交流分析事典』T. ティルニー（著）深澤道子（監訳）　実務教育出版　2013年
27	ジョン・デュセイ John M. Dusay 1935年-	アメリカの精神科医。自我状態から生じるエネルギー量に注目し，「エゴグラム」を開発した。 『エゴグラム』池見酉次郎（監修）　創元社　1980年
43	エドガー・H. シャイン Edgar H. Schein 1928年-	組織心理学者。 『組織文化とリーダーシップ―リーダーは文化をどう変革するか』清水紀彦・浜田幸雄（訳）　ダイヤモンド社　1989年
49	ティモシー・ガルウエイ W. Timothy Gallway 1938年-	アメリカのプロ・テニス・コーチ。 『インナーゲーム』後藤新弥（訳）日刊スポーツ出版社　1976年
51	トマス・レナード Thomas J. Leonard 1955-2003年	アメリカ人。コーチングの父と言われる。コーチングを体系化，コーチ・ユニバーシティおよび国際コーチング連盟の創立者。 『いつも「いいこと」が起きる人の習慣―自分を画期的に伸ばす19の法則（知的生きかた文庫）』堀紘一（訳）　三笠書房　2009年

74	アレン・E. アイビィ Allen E. Ivey 1933年–	「マイクロカウンセリング」技法の創始者。 『マイクロカウンセリング 基本的かかわり技法』 福原眞知子（訳） 丸善出版 1999年
88	ヤコブ・レヴィ・モレノ Jacob Levy Moreno 1889–1974年	ルーマニア生まれのアメリカ人。サイコドラマ， ソシオメトリーの創始者。 『エッセンシャル・モレノ』J. フォックス（編） 磯田雄二郎（監訳） 金剛出版 2000年
89	フランク・バックマン Franklin N. D. Buchman 1878–1961年	道徳再武装 MRA の創始者。カトリックとプロ テスタントの融合を働きかけた。 『エンカウンターグループ』國分康孝 誠信書房 1980年
89	ビル・ウィルソン Bill Wilson 1895–1971年	アメリカのアルコール依存症を克服するための自 助グループ，「アルコホーリクス・アノニマス」 （Alcoholics Anonymous：A.A.）の共同創設者の 一人。
90	L. P. ブラッドフォード Leland P. Bradford 1905–1981年	K. レヴィンらとともに National Training Laboratories を設立した。 『感受性訓練—T グループの理論と方法』三隅二 不二（訳） 日本生産性本部 1971年
93	柳原 光 1918–1994年	元，立教大学キリスト教教育研究所長。日本の体 験学習法の先駆者。 『Creative O.D.』 プレスタイム社 1976年
144	ピーター・F. ドラッカー Peter Ferdinand Drucker 1909–2005年	ユダヤ系オーストリア人。目標管理を提唱。マネ ジメント・ブームに火をつける。 『現代の経営（上・下）』現代経営研究会（訳） ダイヤモンド社 1965年
147	ダグラス・マグレガー Douglas Murray McGregor 1906–1964年	アメリカの心理学者，経営学者。X-Y 理論の提唱 者。 『企業の人間的側面』高橋達男（訳） 産業能率短 期大学出版部 1966年
149	フレデリック・ハーズバーグ Frederick Herzberg 1923–2000年	アメリカの臨床心理学者。モチベーションについ て，「動機づけ要因」と「衛生要因」からなる二 要因理論を打ち出した。 『仕事と人間性—動機づけ 衛生理論の新展開』 東洋経済新報社 1968年
150	ビクター・H．ブルーム	アメリカの組織心理学者。「VIE 理論」を提唱した。

	Victor H. Vroom 1932年–	『Work and Motivation』 Wiley 社 1964年 『社会心理学パースペクティブ 2―人と人とを結ぶとき』大坊郁夫ら（編） 誠信書房 1990年
151	エドワード・L. Deci Edward L. Deci 1942年–	アメリカの心理学者。「外発的動機付け」と「内発的動機付け」の関係性を理論化した。 『人を伸ばす力―内発と自律のすすめ』桜井茂男（監訳） 新曜社 1999年
154	三隅 二不二 1924–2002年	日本の心理学者。専攻は社会心理学。K. レヴィンのグループ・ダイナミクスを日本に紹介した。PM 理論の提唱者。 『リーダーシップ行動の科学』 有斐閣 1978年
155	ポール・ハーシー Paul Hersey 1931–2012年	アメリカの行動科学者。ケネス・ブランチャードとともに状況対応リーダーシップ理論を展開した。 『行動科学の展開』山本成二ら（訳） 日本生産性本部 1978年
155	フレッド・E. フィードラー Fred E. Fiedler 1922–2017年	アメリカの心理学者。コンティンジェンシー理論を提唱した。 『新しい管理者像の探究』山田雄一（監訳） 産業能率短期大学出版部 1970年

【著者紹介】

本山雅英（もとやま・まさひで）
1955年　神奈川県横浜市生まれ
1977年　同志社大学文学部文化学科心理学専攻（現，心理学部）卒業
現　在　株式会社組織デザイン研究所　取締役会長
　　　　株式会社人生百年サポート　代表取締役
主　著　大学生のためのコーチングとファシリテーションの心理学　北大路書房　2014年
　　　　会議ファシリテーション7つのスキル　コーチング・ラボ・ウエスト　2007年
　　　　できる人の会議に出る技術（共著　堀公俊・荒金雅子・本山雅英）　日本能率協会
　　　　　マネジメントセンター　2006年
　　　　メディカル・サポート・コーチング入門（共著　奥田弘美・本山雅英）　日本医療
　　　　　情報センター　2003年

はじめてのコーチングとファシリテーション
人と組織を活かす心理学

2022年9月10日　初版第1刷印刷
2022年9月20日　初版第1刷発行

定価はカバーに表示
してあります。

著　者　　本　山　雅　英
発行所　　㈱北大路書房
〒603-8303　京都市北区紫野十二坊町 12-8
電　話　（075）431-0361(代)
F A X　（075）431-9393
振　替　01050-4-2083

©2022

装幀／野田和浩
印刷・製本／亜細亜印刷㈱

検印省略　落丁・乱丁本はお取り替えいたします。
ISBN978-4-7628-3205-5　Printed in Japan

産業・組織心理学講座　第1巻
産業・組織心理学を学ぶ
心理職のためのエッセンシャルズ

産業・組織心理学会（企画）
金井篤子（編）
A5判・280頁・本体2400円＋税
ISBN978-4-7628-3074-7　C3311

産業・組織心理学の目的や歴史等の基礎を解
説。人事，組織行動，作業，消費者行動にま
つわる研究分野を概観，その全体像を示す。

産業・組織心理学講座　第2巻
人を活かす心理学
仕事・職場の豊かな働き方を探る

産業・組織心理学会（企画）
小野公一（編）
A5判・248頁・本体3100円＋税
ISBN978-4-7628-3085-3　C3311

人事心理学の内容全般を俯瞰したうえで，企
業経営の実践，とりわけ人的資源管理や人事
管理，労務管理といわれる機能を詳説。

産業・組織心理学講座　第3巻
組織行動の心理学
組織と人の相互作用を科学する

産業・組織心理学会（企画）
角山剛（編）
A5判・256頁・本体3100円＋税
ISBN978-4-7628-3086-0　C3311

組織行動研究の位置づけと動向を概観した後，
集団のダイナミックスや意思決定等の重要
テーマを扱う。組織開発の手掛かりも提供。

シリーズ心理学と仕事11
産業・組織心理学

太田信夫（監修）
金井篤子（編集）
A5判・160頁・本体2100円＋税
ISBN978-4-7628-2983-3　C0311

キャリア形成に関わる人事，安全やリスク管
理に根ざした行動のメカニズム，職場のスト
レスに応じた心理的な支援等について概説。

(税抜価格で表示しております)